참 맑고 좋은 생각

참 맑고 좋은 생각

생각하는 동화 3

정채봉 지음 · 이성표 그림

샘터

· 차례 ·

1··· 접어 보지 않은 날개가 어디 있으랴

작은 물 ··· 10
황금 고기 ··· 20
접어 보지 않은 날개가 어디 있으랴 ··· 28
어떤 광대 ··· 34
살아 있는 구유 ··· 42
쌍둥이 ··· 48
풀잎도 할 일이 있다 ··· 50
진주 ··· 54
우리들은 ··· 60
어느 날 갑자기 ··· 66

2··· 투명 정거장

닭이 울기 전에 ··· 76
참 맑고 좋은 생각 ··· 82
나 ··· 86
미친 사람들 ··· 92
투명 정거장 ··· 96
평화 시대에 살기가 더 어렵다네 ··· 102
풀꽃들의 데모 ··· 108
상속의 조건 ··· 114
파멸의 조건 ··· 118
남이 되는 순간 ··· 124

3··· 멀리 가는 노래

어떤 대화 ···   130
새벽 달빛 ···   134
파도와 침묵 ···   142
인간 핵 실험 ···   146
메추라기 마을 패망기 ···   152
멀리 가는 노래 ···   158
함께 본다 ···   164
월인이인지곡月印二人之曲 ···   170
당신의 공간 ···   174
늘행복이 ···   180

4… 내 그림자는 어디로 가나

장애물 경주 … 188
신新 종의 기원 … 192
멸종기 … 198
보석의 길 … 204
내 그림자는 어디로 가나 … 208
지구 황제 … 214
코뚜레가 일을 한다 … 218
마음을 찍는 사진기 … 222
어른 모시기 … 226

1⋯ 접어 보지 않은 날개가 어디 있으랴

작 은 물

계절이 바뀌면서부터 높은 산 바윗골에 상서로운 기운이 감돌았다.
흰 구름이 자주 와서 맴을 돌았고, 바람이 골골이 찾아들어 티끌을 쓸어 갔다.
밤이면 별빛이 소록소록 재였고, 아침이면 안개가 해 뜬 뒤에까지도 자욱하였다.
어느 날, 밤중에 번개가 쳤다. 천둥이 울렸으나 비는 내리지 않았다.
두 번 세 번 번갯불이 스쳐간 뒤였다.
첩첩이 쌓인 바위틈이 바늘귀만큼 열리었다.
그리고 거기로부터 한 점 푸름이 비어져 나왔다.

물방울이었다.
터 오는 먼동과 함께 물방울은 하나 둘 모여서 작은 물줄기를 이루었다.
골안개 밑으로 흐르면서 산삼 뿌리를 스쳤다.
사향노루가 딛고 간 발자국을 닦았다.

오랜 세월 동안 비와 바람에 파인 돌확이 나타났다.
작은 물은 거기에서 숨을 돌렸다.
바로 건너편에 깊은 골짜기가 있었다. 골짜기에는 한떼의 물이 모여 있었다.
작은 물하고는 비교도 되지 않는, 큰 물이었다.
큰 물이 말을 걸어 왔다.
"넌 왜 그렇게 작은 길을 가니?"
"왜? 이 길이 어때서?"
"그 길은 작기 때문에 험한 고생만 하게 돼."

작은 물이 물었다.
"네가 가는 길은 편해서 좋니?"
"그럼. 계속 넓어지니까. 그렇게 가다 보면 강에도 이르고,
바다에도 이를 거 아냐."
"그게 너의 살아가는 뜻이니?"
"나한텐 뜻 같은 건 없어. 그냥 많은 친구들이 가는 대로 따라갈 뿐이야.
그러다가 한세상 마치는 거지 뭐."

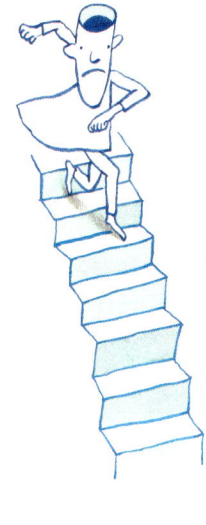

작은 물이 말하였다.
"나한테는 작지만 소중한 뜻이 있어.
 이 길이 작고 험한 길이라 하더라도 끝나는 데까지 가볼 테야."
  작은 물은 길을 떠났다.
   가파른 돌벼랑으로 길은 이어졌다. 숨이 차고 발이 아팠다.
    그러나 쉬어 갈 만한 틈이 없었다.
그치지 않고 흘러가야만 했다.
아래의 큰 물은 천천히 굽어 흐르며
산 구비에 이르러서는 한참씩 머물기도 하는데…….

하지만 작은 물의 몸만큼은 큰 물에 비교가 되지 않을 만큼 맑았다.
먼지 하나 끼지 않았고, 이끼 한 올 슬지 않았다.
작은 물 앞에 낭떠러지가 나타났다.
작은 물은 곤두박질을 하며 아래로 떨어졌다.
아래는 작은 소였다.

소에서 나가는 길은 두 갈래가 있었다.
하나는 큰 물로 합해지는 넓은 길이었고,
하나는 숲 속으로 간신히 열린 좁은 길이었다.

아래 편 여울에서 큰 물이 손짓을 했다.
"고생하지 말고 어서 이쪽으로 와. 이번이 마지막 기회야."
"그 길로 갔다가 다시 이쪽 길로 돌아올 수 있어?"
"그렇게는 되지 못해. 한번 합해지면 그만이야."
작은 물은 말하였다.
"그럼 나는 나의 좁은 길을 갈 테야. 내 몸이 하나인데 왜 두 길을 넘보겠어."
좁은 길로 들어선 작은 물은 숲 속으로 한참을 흘렀다.
전나무들이 뒤덮인 산모퉁이에 이르면서 힘이 다한 것을 느꼈다.
몇 구비를 지나서 움푹 팬 바닥에 드디어 멈추어 서고 말았다.

"이제 나는 풀잎 하나를 밀어낼 힘까지도 모두 써버렸어.
비록 더 멀리 가지는 못하였지만
나는 나의 길을 한눈팔지 않고 열심히 왔어."
작은 물은 눈을 감았다.

이튿날, 눈을 떠본 작은 물은 놀랐다.
나무들과 풀꽃들이 작은 물을 빙 둘러싸고 있었던 것이다.
한 점, 흰 구름이 가슴 위에서 맴을 돌고 있었고
눈이 맑은 노루가 목을 축이고 있었다.
바위종다리가 부르는 노래를 작은 물은 들었다.

깊은 산속 옹달샘 누가 와서 먹나요…….

황금 고기

— 막스 볼링거 시를 이용하여

아름다운 동산에 한 남자와 한 여자가 살고 있었습니다.
그들은 논밭을 일구고 풀과 나무들을 가꾸고
물고기와 새와 짐승들을 사랑의 마음으로 돌보았습니다.

동산 또한 그들에게 모든 것을 풍족히 내주었습니다.
먹을 것과 깨끗한 물.
낮에는 해가 뜨고, 밤에는 달이 뜨고,
봄은 봄답고, 여름은 여름답고,
가을은 가을답고, 겨울은 겨울다웠습니다.

어느 날, 남자와 여자는 냇물에 멱을 감으러 갔다가
우연히 물고기 한 마리를 발견하였습니다.
신비하게도 그 물고기는 황금 비늘에 덮여 있었습니다.
그들은 황금 고기를 잡으려 하였습니다.
황금 고기는 재빨리 헤엄쳐 도망가 버렸습니다.

두 사람의 가슴속에는 놓친 황금 고기를 반드시 잡고야 말겠다는
강한 욕심이 일었습니다.
남자는 여자보다는 자기가, 여자는 남자보다는 자기가
그 황금 고기를 차지하게 되기를 바랐습니다.
두 사람은 각각 황금 고기를 찾아서 헤매었습니다.

그들이 돌보지 않은 동산은 차츰차츰 황폐화하기 시작하였습니다.
논밭에는 잡초가 무성하였고
가축들은 굶어 죽거나 도망가서 우리가 비어 갔습니다.

산도 들도 말라 갔고 들짐승과 새와 물고기들도 줄어만 갔습니다.
어느 날 아침, 남자와 여자가 눈을 떴을 때
아름다웠던 동산은 황무지가 되어 있었습니다.

목이 마른 남자와 여자는 샘을 찾아갔습니다.
그러나 샘물조차도 말라 있었습니다.

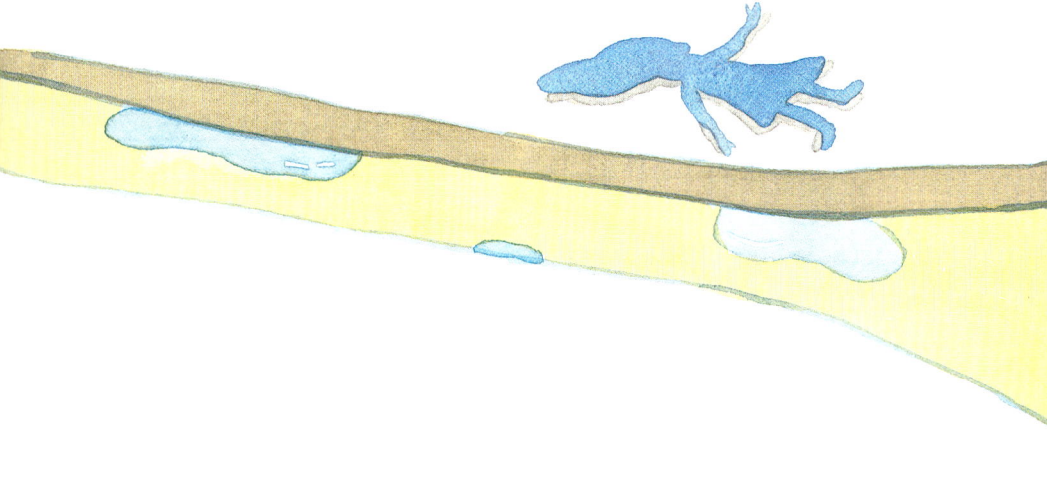

그런데 이게 웬일입니까?
그들이 그렇게 찾아 헤매었던 황금 물고기가
샘 밑바닥에 죽어 있는 것이었습니다.

접어 보지 않은 날개가 어디 있으랴

높이, 멋지게 날아오르는 갈매기가 있었다.
갈매기는 훼방을 놓는 안개와 비바람을 무수히 제쳤다.
그가 바라는 지점이 이제 얼마 남지 않았다고 생각했을 때였다.
난데없이 하늘로부터 우박이 쏟아졌다.
갈매기는 날개에 우박을 맞고 모래밭으로 떨어지고 말았다.
다시 날기를 포기하고 있는 그에게 기러기가 다가왔다.
"왜 다시 날지 않니?"

갈매기가 대답했다.
"하늘로부터 우박을 맞았어요.
하늘이 내가 더 오르려는 것을 바라지 않는 것 같아요."
기러기가 말했다.
"나는 새들 가운데 우박 한번 맞아 보지 않은 새가 있는 줄 아느냐?
문제는 너처럼 우박을 맞고 높이 날기를 포기하는 데 있다."

갈매기가 물었다.
"그럼 우박을 어떻게 생각해야 하는가요?"
"재난은 보다 강하게 해주는 단련인 거야.
그리고 결코 하지 못함의 통지가 아니라
약간 기간이 더 필요하다는 연기 통지인 거야."

기러기가 물었다.
"청춘의 또 다른 이름은 무엇인지 아니?"
갈매기가 고개를 저었다.
"결코 꺾이지 않음이야."
고개를 쳐드는 갈매기의 눈동자에 파도가 일렁거렸다.
기러기가 말했다.
"그 우박은 널 주저앉히기 위해 떨어진 것이 아니야.
다시 도전할 수 있느냐, 없느냐 하는 것을
알아보고자 함이지."

갈매기는 다시 힘차게 날아오르기 시작하였다.

어떤 광대

강화도에 살던 떠꺼머리총각이 어느 날 임금 자리에 올랐다.
때마다 신선로 음식을 들고 밤마다 비단 침구 속에서 잠을 잤다.
자리에서 일어나면 예쁜 궁녀들이 어린아이 다루듯 옆에서 부축을 했고,
손에서 손을 건너오지 않는 물건이라곤 하나도 없었다.
"알아서 하라" 해도 "황공하옵니다"
"모르겠소" 해도 "황공하옵니다"
"자고 싶다" 해도 "황공하옵니다"
수많은 신하들이 그저 머리를 조아리고 "황공하옵니다"만을 연발했다.

처음에는 기분이 좋아서 우쭐거리던 어깨도
달이 가고 해가 바뀌자 시들해졌다.
신선로에 밥을 먹으나 된장국에 밥을 먹으나
한 끼 때우기는 마찬가지.
비단 침구로 잠을 자나 누더기 이불로
잠을 자나 하룻밤 잠자기는 마찬가지.

임금님은 '속이 답답하다'라고 짜증을 내었다.
눈치 빠른 신하들이 궁녀들을 바꿔 들여보냈다.
임금님은 꽥 소리를 질렀다.
"여자들한테도 지쳤다. 달리 재미있는 일을 만들어 다오."
신하 하나가 저잣거리에 나가서 소년 광대를 데려왔다.
이 소년 광대는 대궐에서 쓰는 말하고는 전혀 반대의 말을 해서
임금님을 웃겼다.

내시를 가리켜서 "저건 고자다" 그러면 임금님은 으하하.
풍채가 좋은 대감을 가리켜서 "저건 배불뚝이다"
마찬가지로 임금님은 으하하.
임금님 말을 척척 받는 대감을 가리켜서 "저건 아첨꾼이다"
역시 임금님은 으하하.

임금님이 물었다.

"그럼 나는 누구냐?"

소년 광대는 거침없이 대답했다.

"당신이야 뭐, 황공하옵게도 임금 옷을 빌어 입은 허수아비지."

임금님의 표정이 돌변했다.
"여봐라! 저놈을 당장 끌어내어 목을 베어라."
그러자, 이번에는 소년 광대가 웃음을 터뜨렸다.
하하하.
하하하.
하하하.

임금님의 노여움이 상투 끝에까지 올랐다.
"이놈아! 왜 웃느냐?"
소년 광대가 말했다.
"그럼 어찌 웃지 않을 수 있습니까? 바른 말로 남을 놀릴 땐 돈을 주고,
바른 말로 자기를 놀릴 땐 벌을 주다니,
이보다 더 웃기는 광대가 어디에 있겠습니까?"

"듣기 싫다, 이놈!"
임금님은 주먹으로 탁자를 꽝 내리쳤다(이것은 강화도 떠꺼머리총각이 임금 자리에 오르고 나서 처음으로 자기 손을 자기 마음대로 써본 역사적인 일이었다).

글쎄요, 그다음에 소년 광대를 사면해 주었는지, 처형해 버렸는지 그것은 독자들의 상상에 맡깁니다.

살아 있는 구유

왕이 있었다. 왕은 방을 써서 나라의 곳곳에다 붙였다.
'섣달은 별이 내리는 달이다. 각자가 별을 받을 구유를 하나씩 지어 와서
심사를 받도록 하여라. 살아 있는 구유로 판정이 내려진 사람에게는 상을 주겠다.'
사람들은 너도나도 구유를 만드는 데 정신이 없었다.
서로가 더 나은 구유를 만들기 위해 재료 경쟁이 치열했고
솜씨 싸움 또한 볼만하였다.

종을 지을 때처럼 주물로 구유를 빚는 부자도 있었고,
대리석으로 구유를 조각하는 예술가도 있었다.
어떤 권력가는 몇 백 살이나 먹은 향나무를 도벌해 와서 구유를 만들기도 하였다.
나중에는 치장 붐까지 일어나서 구유에 금도금을 하는가 하면
아름다운 문양을 새겨 넣기도 하였다.
그리고 안쪽에 비단을 대어서 우아하게 꾸몄다.

심사일이 다가오자 응모자들은 모두 들떠서 술렁거렸다.
전시장에다 각자가 만들어 온 구유를 내다 놓고 가슴을 조였다.
왕이 몸소 전시장에 와서 구유를 살폈다.
그런데 왕의 심사 방법이 아주 특이했다.
가슴속에서 빛나는 별을 꺼내어 구유에 살며시 놓아 보는 것이었다.

왕은 주물로 빚고 금도금을 한 구유 속에다가 별을 놓았다.
그러자 별은 구유 속에서 이내 굳어져 쇠 인형으로 변하였다.
왕은 고개를 저었다.
다음에는 대리석 앞으로 갔다. 별을 꺼내어서 대리석 구유 속에 넣었다.
그러자 별은 돌 인형으로 변하였다.
왕은 고개를 저었다.
향나무로 구유를 만든 권력가의 가슴이 부풀었다.
이제 자기의 구유에서 놀라운 역사가 일어날 것이라고 생각했다.
왕이 가까이 오자 그의 호흡은 심하게 거칠어졌다.
왕이 자기의 향나무 구유에다 별을 놓을 때는 심장이 멈추는 것 같았다.
그러나 애석한지고! 별은 향나무 구유에서조차 볼품없는 인형으로
가라앉고 말았다. 다만 다른 점이 있다면 나무 인형이라는 것일 뿐.

별이 변하기는 어느 구유에서도 마찬가지였다.
쇠로 빚은 구유에서는 쇠 인형으로, 돌로 만든 구유에서는 돌 인형으로,
그리고 나무로 만든 구유에서는 나무 인형으로 뻣뻣해지곤 했다.
궁으로 돌아가려던 왕은 문득 군중 틈에서 멈칫거리는 한 소녀를 발견했다.
왕은 조용히 말했다.
"부끄러워하지 말고 이리 나오너라."
소녀는 쓰레기 치우는 일을 하면서 사는 넝마주이였다.
소녀는 날마다 쓰레기 더미에서
차마 버리기 아까운 헌 나무를 주워 잇대고
조각 천을 이어서 바닥에 깔 작은 구유를 안고 있었다.
왕은 넝마주이 소녀의 그 가난한 구유 속에 별을 놓았다.
그러자 보라! 갑자기 별이 숨을 쉬면서 거룩한 아기로 변하는 것이 아닌가.
왕은 기쁨에 넘쳐서 말했다.
"이리들 오라. 이 가난한 소녀의 구유에서 기적이 일어났다.
구유의 몸이 중요한 것이 아니라 구유의 마음이 중요하다.
형식의 구유에서는 인형으로 있는 별도 정갈한 마음의 구유에서는
거룩하게 살아 움직인다. 이 태어남이 진짜인 것이다."

쌍둥이

사랑이 일어나자
고통이 일어났다.

사랑이 주저앉자
고통 또한 주저앉았다.

사랑이 눕자
고통도 누웠다.

사랑이 살며시 일어났다.
고통도 살며시 일어났다.

사랑이 참다못해 말했다.
"제발 날 따라오지 마.
너 때문에 내가 사람들로부터
원망을 듣는단 말이야."

고통이 대답했다.
"너와 나는 쌍둥이인걸.
나를 받아들일 수 없다면 너도 포기해야 하는 거야."
둘은 인간 마을을 향해 길을 떠났다.
사랑을 맞아들인 사람들의 가슴은 이내 고통에 일그러졌다.
어떤 사람은 고통 때문에 사랑을 포기하기까지 했다.
아예 사랑 맞기를 외면하는 사람도 있었다.

오직
사랑의 고통까지도 사랑하는 사람한테서만
사랑이 완성되었다.

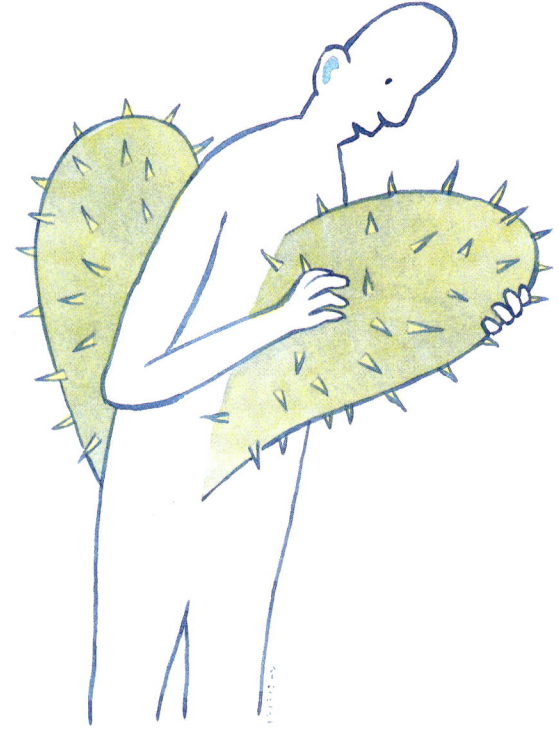

풀잎도 할 일이 있다

그 새는 '자기'에 대해 절망하고 있었다.
참새처럼 날렵하지도 못하고,
꿩처럼 아름답지도 못하고,
독수리처럼 용맹스럽지도 못하고,
그리고 부모로부터는 내쫓김을 당했다.

그뿐만이 아니었다.
늘 웅크리고 있는 그를 이웃들은
별 볼일 없는 새라고 천대를 했다.
그는 용기를 내어 솔개 사제를 찾아갔다.
그의 푸념을 낱낱이 들은 솔개 사제가 말했다.
"당신처럼 생각한다면 풀 한 포기도
살아 뭐 하겠느냐고 하겠지요. 그러나 보십시오.
하잘것없는 풀잎도 풀무치의 집이 돼줍니다.
빈 조개껍데기 또한 쓸모가 없는 것이겠지요?
그러나 그들도 어린 물고기들의 집이 되어 주기도 합니다.

저기를 보십시오.

저 실낱같은 여린 나뭇가지 끝도 눈 한 짐을 지고 있지 않습니까."

그 새는 그날 돌아와서 이 숲과 저 숲을 훨훨 날아다니며 노래를 불렀다.

젊은이 두 사람이 숲을 지나다가 이 노래를 들었다.

"저렇게 아름답게 노래하는 새 이름 알아?"

"알지, 휘파람새야."

진주

넓고 넓은 바닷가에 조개 마을이 있었다.
조개 마을에는 바지락과 다슬기와 고둥이 많이 살았다.
그러나 백합은 단 한 집밖에 없었다.
그래서 백합은 제 몸매를 은근히 뽐내면서 지냈다.
태풍이 불어와 바다를 아주 심하게 할퀴고 간 뒤였다.
깊은 바다 산호초 마을에서 진주조개가 하나 떠밀려 올라왔다.
조개들은 다투어서 구경을 갔다. 하나 진주조개는 그저 평범한 조개일 뿐이었다.
오히려 겉모양을 말한다면 백합한테 훨씬 못 미쳤다.
바지락이 말을 걸었다.
"진주 씨앗을 좀 얻을 수 있어?"

진주조개가 고개를 저었다.
"우리의 진주는 씨로 옮겨지는 것이 아니야."
"그럼 어떻게 해야 그 값진 보석을 가질 수 있지?"
"진짜로 사랑을 하면!"
이번에는 다슬기가 나서서 진주조개한테 물었다.
"진주를 가지면 어때? 몸도 마음도 편안하고 좋아?"
"아니야. 몸은 아주 아파. 견디기 어려울 만큼."
"그런데 뭐 하러 가져? 그것 때문에 도리어 아파지는데."
조개들은 피식피식 웃으며, 뿔뿔이 흩어졌다.
백합만이 혼자 남았다.

백합이 물었다.
"진주를 가지고 사는 것과 가지지 않고 사는 것이
어떻게 다른지 그것을 말해 줘."
"그것은 사는 의미에 관계된 것이야. 진주를 가지지 않으면 지금 당장은 편하지.
주어진 시간에 먹고 즐기며 살면 그만이니까."
"진주를 가졌을 때는?"
"희망을 가졌다는 뜻도 돼. 언제 어디서 죽음이 나타나더라도 두렵지 않아.
죽음이란 그저 껍질과 살이 없어지는 것일 뿐
진주란 보석은 영원히 빛나면서 살게 되는 것이거든."

그날부터였다. 백합한테 말이 줄어들기 시작한 것은. 나들이하는 시간도 줄었다.
대신 해당화 그늘 밑에 앉아서 명상하는 시간이 길어져 갔다.
백합은 흰 구름이 지고 피는 수평선을 바라보면서
'진짜 사랑'이 무엇인지를 생각하였다.

어느 날이었다. 백합은 바지락을 공격하는 불가사리를 보았다.
이럴 때는 자기 몸을 먼저 숨기는 것이 모든 조개들의 습관이었다.
그러나 이날의 백합은 달랐다. 뜨거움이 가슴에서 치솟자
냅다 불가사리의 머리통을 물고 늘어졌다.
한참 후에야 백합은 정신을 차렸다.
눈을 떠보니 늙은 뼈고둥이 상처를 꿰매고 있었다.
"넌 아주 훌륭했다. 친구를 위하여 목숨을 걸고 싸웠으니까.
그런데 이번 일로 모래 한 알이 네 심장 깊숙이 박혀 버렸다는 걸 알아 두어라."
"그럼 어떻게 되는가요?"
"십중팔구는 죽게 되지.
그러나 하늘이 도운다면 진주가 되기도 하지."

백합은 엎드려 울면서 기도하였다.
"저는 죄 많은 조개입니다. 내 기쁨을 나누어 가질 줄 몰랐으며
남의 아픔을 덜어 줄 줄 몰랐습니다.
내 안의 교만과 질투와 욕심이 악마임을 미처 알지 못하였으며
물 한 모금, 바람 한 모금의 작은 것에 감사할 줄을 몰랐습니다.
이제 저는 남은 날을 오직 참회하며 살고자 하오니
이 세상을 떠날 때 눈물 한 방울 남기는 것을 허락하소서."

우리들은

— 볼드 윈 예화에서

우리 왕국의 임금이 지방 순시를 나섰다.
내를 건너 숲을 지나는데 아이들이 풀밭에서 즐겁게 놀고 있었다.
임금은 말에서 내렸다. 제비꽃이 발밑에 밟힐까 봐 조심하며
아이들 가까이 다가갔다.
임금은 아이들을 불러 모았다.
"얘들아! 내가 너희에게 물어볼 것이 있다.
대답을 잘하는 아이에게는 상을 줄 테니 어디 맞혀 보렴."

임금은 토마토 하나를 꺼내 들었다.
"너희는 우리 왕국에 살고 있다는 것을 알고 있지?"
"네."
"그럼, 이 토마토가 어느 왕국에 속하는지를 대답해 보려무나."

아이들 가운데서 한 아이가 나섰다.
"식물 왕국에 속합니다."
"식물 왕국이라고? 왜 그렇지, 아이야?"
"그 토마토는 식물의 열매이니까요."
"맞았다. 상으로 이 토마토를 주마."
"이번에는 이 금반지에 대해 묻겠다.
내 손가락에 끼인 이 반지는 어느 왕국에 속하겠느냐?"

이번에는 작은 사내아이가 나섰다.
"광물 왕국에 속합니다."
"훌륭한 답이다."
임금은 반지를 빼어 그 아이에게 상으로 주었다.

임금은 마지막 문제를 내겠다고 했다.
"얘들아! 나는 어느 왕국에 속하는지 어디 대답해 보아라."
한 아이가 나섰다. "동물 왕국에 속합니다."
임금도 아이들도 와 웃었다.
다른 아이가 또 나섰다. "우리 왕국에 속합니다."
왕은 고개를 끄덕였다. 그러나 흡족치 못한 표정이었다.

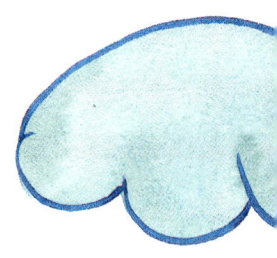

이때 이들 중 가장 작은 소녀가 나서서 또렷이 대답했다.
"저는 임금님이 하늘 왕국에 속하신다고 생각합니다."
임금은 허리를 굽혀 이 조그만 아이를 두 팔로 안아 올렸다.
소녀에게 뺨을 부비는 임금의 눈에는 기쁨의 눈물이 일렁거리고 있었다.
"그렇다. 아이야. 네가 가장 훌륭한 대답을 해주었다."

어느 날 갑자기

남들처럼 열심히 '마련하기 위하여' 살아가는 이 씨.
전세방을 얻기 위하여, 자동차를 사고자, 마침내 집을 장만하고자,
앞선 친구의 뒤통수만 바라보고 달려온 우리 가운데의 한 사람.
그에게 어느 날 갑자기 두통이 일었다.
참을 수 없을 만큼 심한 고통이었다.
약을 지어 먹어 보았으나 효과는 별로였다.
직장 동료의 권고에 따라 종합 병원으로 가서 진찰을 받았다.

평소 안면이 있는 의사가 심각한 얼굴로 나타났다.
"아직 단정적으로 말씀드리기에는 이르지만……"
"그럼 암이란 말입니까?"
"결과는 사흘 후에 나옵니다. 그렇게 속단하진 마십시오."
"다 압니다. 친구가 나 같은 증상을 보인 지 여섯 달 만에 갔지요."
의사 앞에서는 담담하게 말했지만
병원을 나서면서부터는 동료의 부축을 받아야만 했다.

집에 와서 돌아보니 자신의 삶이 원망스럽기만 했다.
즐거움보다는 괴로움이, 평화보다는 불안이 많았던 나날.
몇 쪽 보다가 남긴 책이며, 항시 내일로 미루어 온 여행이며
마저 정리하지 못한 것들이, 해야 할 일들이 많고도 많았다.
그것들을 6개월 내에 완료하기란 불가능한 일이었다.
3년만 더 살게 된다면 몰라도. 아니, 생명이 1년만 더 연장된다면…….
그러나 그한테는 이미 하루가 넘어가 버린 5개월 29일 밖에 남아 있지 않았다.

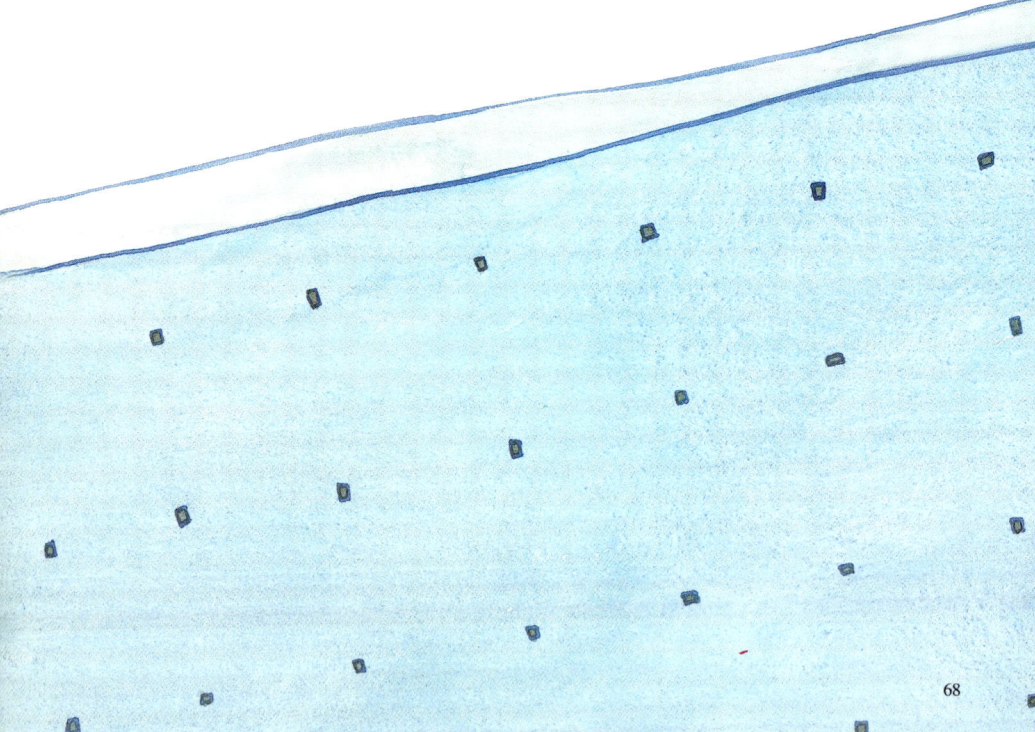

'한번 멋지게 살아 보지도 못하고 이렇게 죽게 되다니…….'
그는 신이 원망스러웠다.
'왜 나에게는 이 세상의 행복을 단 한번도 맛보게 하지 않았습니까?'
그는 이불 섶이 흥건히 젖도록 울었다.

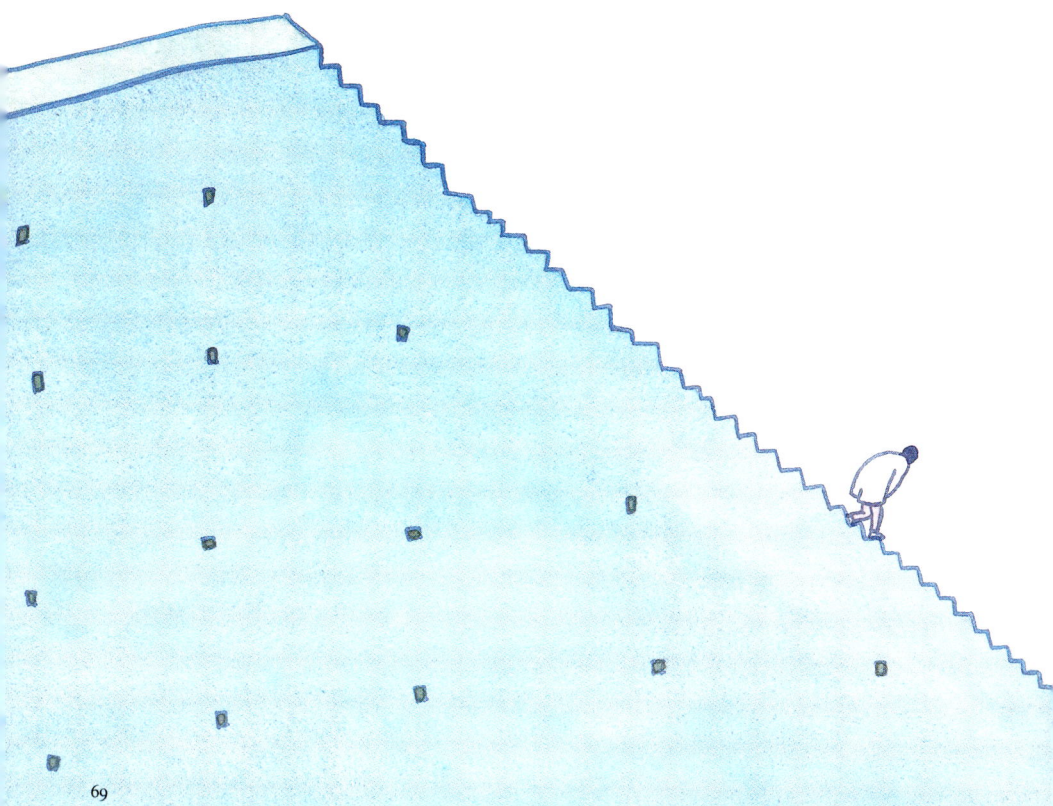

사흘 후, 이 씨는 입원 준비를 하여 병원으로 갔다.
의사가 빙그레 웃으며 나타나 그에게 말했다.
"죄송한 말씀을 드려야 하겠습니다. 그제는 제가 오진을 했습니다.
다시 검토해 보니 그것은 암세포가 아니라 작은 종양이었습니다."
그는 갑자기 물결치듯이 밀려드는 햇살을 느꼈다.
어느 하루 뜨지 않은 적이 없는 태양이건만
이때처럼 해가 찬란하게 느껴졌던 적은 일찍이 없었다.

그는 밖으로 나왔다. 돌 틈에 피어 있는 냉이 꽃 하나가 눈에 띄었다.
'오, 네가 거기 있었구나.'
그는 허리를 구부렸다. 그러자 풀꽃들이 여기저기서 나타났다.
'저도 여기 있어요', '저도요' 하고.
그는 풀꽃들에게 일일이 입을 맞추었다.
"그래 너희들이 거기 있었는데 나만 모르고 지냈구나. 미안했다."

상쾌한 봄바람이 살짝 그의 머리칼을 흔들었다.
'오, 너도 여기 있었구나.'
그는 바람을 소중히 손바닥에 받아 든듯이 하여 들이켰다.
가슴을 시원하게 적셔 주는 공기 한 모금.
'아, 이처럼 단 공기를 이제껏 내가 모르고 지냈었다니, 정말 미안한 일이었어.'
그는 그제야 행복을 제대로 알아본 것 같았다.

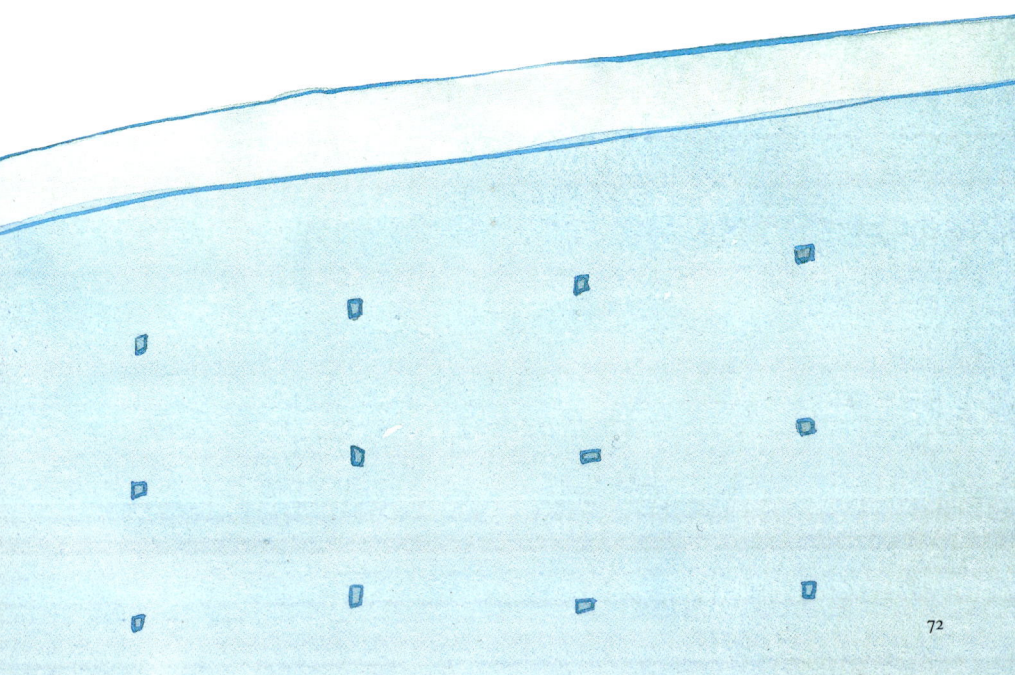

의사가 그의 곁에서 말했다.
"위기의 고비를 넘긴 사람은 대개가 당신과 같이 이 순간이
인생의 첫걸음인 것처럼 감격하고 다짐을 새로이 하지요.
허나 그것도 작심삼일입니다.
며칠 지나면 다시 자기가 무한하게 살 것처럼 욕심을 부리고 몰염치해집니다.
그러나 분명한 것은, 죽음은 꼭 어느 날 갑자기 온다는 사실입니다.
그러니 하루하루를 당신의 최초의 날인 동시에
최후의 날인 것처럼 생각하고 사십시오."

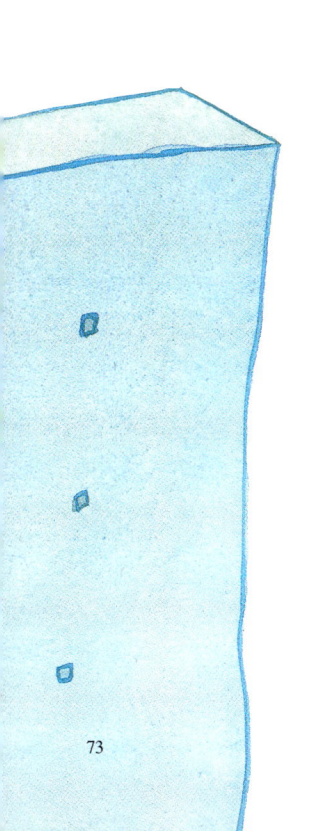

2··· 투명 정거장

닭이 울기 전에

할 일을 내일로 미뤄 두고 잠자리에 들었는데 방문을 두드리는 소리가 났다. 나는 일어나 손님을 맞았다.

— 선생님께서 저희를 좋아하신다는 소문을 듣고 찾아왔습니다.
— 아니, 당신은 누구신데요?
— 내 이름은 '하려고 했었는데' 입니다.

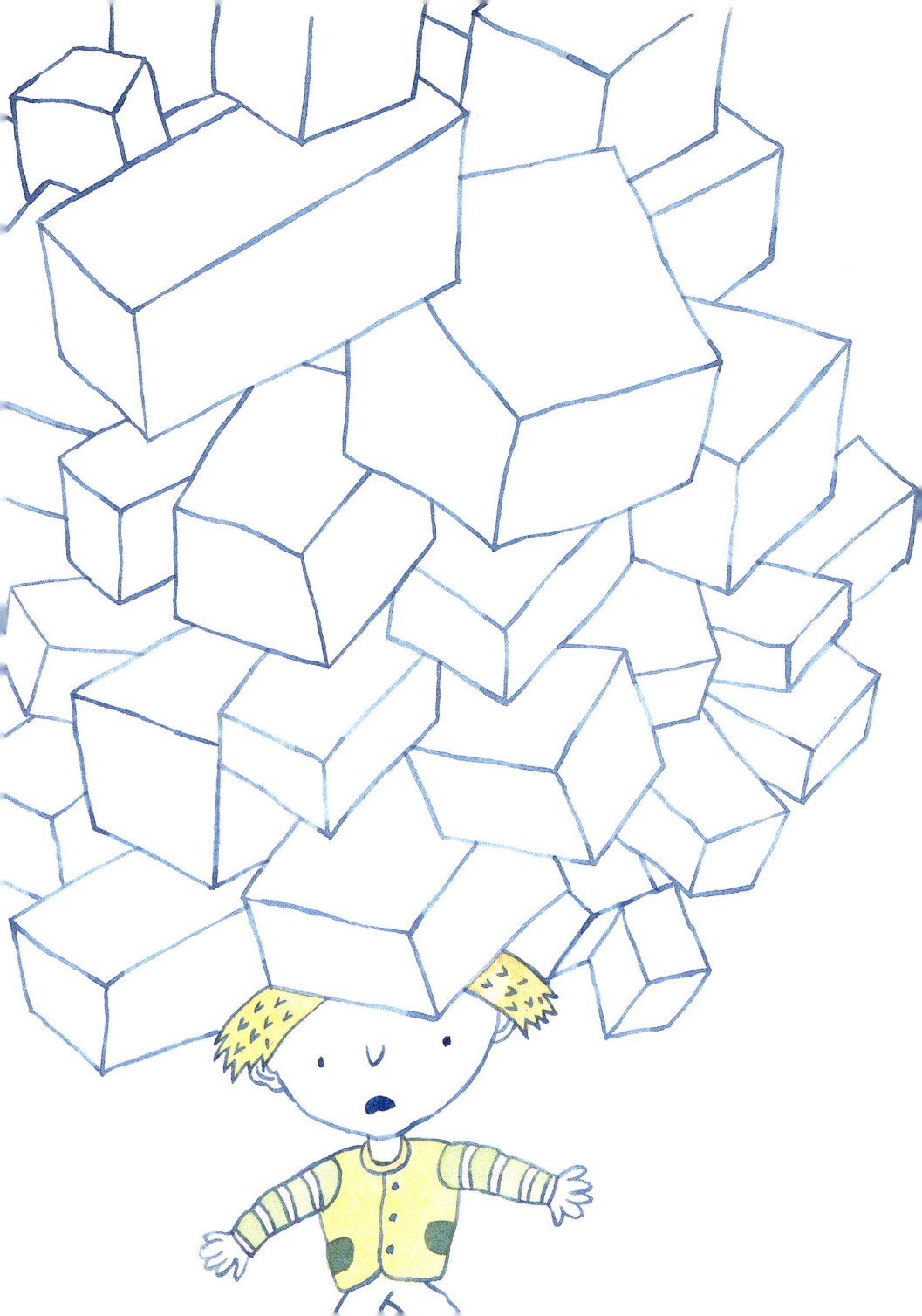

— 거참 희한한 이름도 다 있군요. 그렇다면, 같이 온 동자의 이름은 무엇입니까?
— 아, 이 동자는 저와 쌍둥이입니다. 이름은 '하지 않았음'이구요.

나는 물었다.
— 당신들은 어디에 살고 있습니까?
— '이루지 못하리'라는 마을에 살고 있지요.

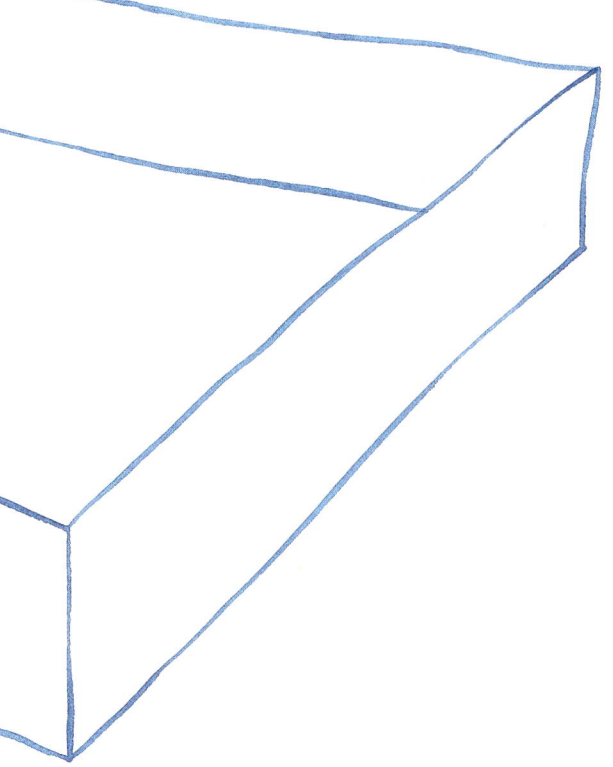

그러자 '하지 않았음'이 독촉했다.
— 어서 떠나자. 그 귀찮은 녀석이 쫓아올 거 아냐.
— 그 귀찮은 녀석이란 누구입니까?
— '할 수 있었는데'이지요. 꼭 유령처럼 우리 뒤만 밟는다니까요.

나는 잠에서 깨어 일어났다.
내일로 미루려던 일을 오늘 해치우기 위해 책상 앞에 앉았다.
닭이 울었다.

참 맑고 좋은 생각

기숙사 사감이 학생들을 모아 놓고 물었다.
"한 방에 들어갔더니 거미줄이 있었어요. 여러분은 어떤 생각이 드는지요?"
학생들은 너도나도 나서서 그 방의 거주자를 매도했다.
"며칠 비워 둔 것이 분명합니다."
"거주자가 지저분하고 게으른 사람입니다."
"주의력이 형편없이 부족한 사람일 것입니다."
"거미 한 마리도 못 죽이는 소심한 성격의 소유자가 틀림없습니다."

오직 창가에 앉은 학생만이 이렇게 말했습니다.
"그 방에는 신기하게도 거미가 살고 있었군요."

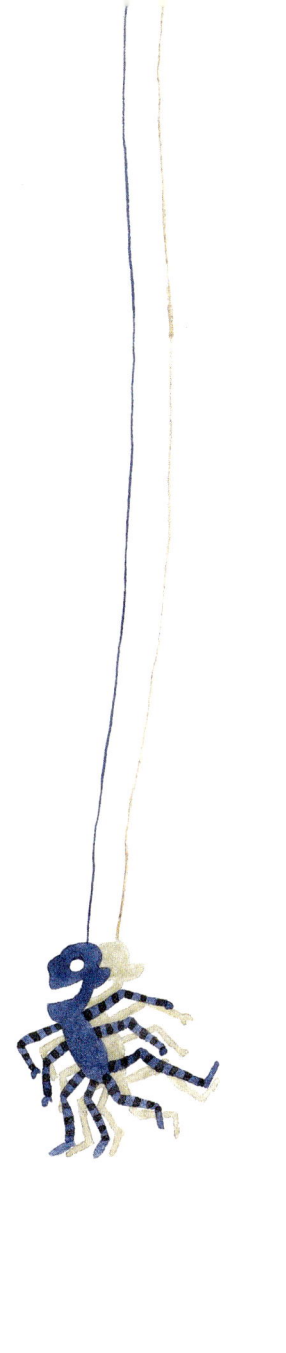

나

그 사람은 '인간 연구소'를 찾아갔다.
그러고는 '인간 연구소' 소장한테 부탁하였다.
"현대인 가운데 보통 사람 하나에 대해 알고 싶습니다."
소장이 쾌히 승낙하였다.
"좋습니다. 그 사람의 이목구비에 대한 슬라이드를 보여드리지요."
이내 건너편 벽에 화면이 나타났다.
화면에 처음 비춰진 것은 눈동자였다.
그런데 그 눈동자가 너무도 한심스러웠다.
그저 무심한 구름처럼 흘러가기만 하는 것이 아닌가.
물론 반짝일 때도 있었다.
그러나 그것은 먹이나 사치품이 나타날 때뿐이었다.

다음에는 코가 나타났다.
악취가 스며들면 싸쥐고,
고기 굽는 냄새나
향수 냄새를 따라나서는 코.
그 코는 가슴속 깊은 내면의 향기는 몰라보는 저질의 코였다.
다음에 나타난 것은 귀였다.
그런데 그 귀 또한 눈이나 코에 비해 하등 나을 것이 없었다.
우스갯소리에나 솔깃하고, 험담에나 기울어지고.

그중에서도 문제는 입이었다.
화면에 나타난 그 입은 아무데서나 벌어지는 것이었다.
좀 무거워 주었으면 하였으나 한시도 가만히 있으려고 하지 않았다.
그는 그 입을 향해 쯧쯧 하고 혀를 찼다.
빙그레 미소 지으며 침묵한다면 얼마나 좋으랴.

그는 경멸의 빛을 띄우고 물어보았다.
"도대체 저 눈·코·입·귀는 누구의 것입니까?"
'인간 연구소' 소장이 서류를 들여다보며 대답했다.
"주민 등록 번호가 12345-678910인 사람입니다."
그는 두 손으로 얼굴을 가렸다.
그 주민 등록 번호는 바로 자기의 것이었기 때문이다.

미친 사람들

파브르는 곤충에 미쳐 지냈다.
베토벤은 악보에 미쳤었다.
퀴리 부인은 라듐에 미쳤었다.
고흐는 그림에 미쳤었다.
라이트 형제는 비행기에 미쳤었다.

간디는 민족과 평화에 미쳤었다.
당신은 지금 무엇에 미쳐 있는가?

사족: 사람이 가장 많이 미치는 것은 사람한테다.
　　　그리고 가장 많이 빈털터리가 되는 사람 또한
　　　사람한테 미쳤던 사람들이다.

당신은?

투명 정거장

보이지 않는 정거장이 있다.
이 정거장에 실려 오고 떠나는 것 또한 보이지 않는 것들이다.
희망, 보람, 기쁨을 맞아들인 사람은 탄력이 있다.
절망, 권태, 슬픔을 맞아들이는 사람도 많은데
이들한테는 주름으로 나타난다.

한 가지 중요한 것은 이 레일에서는 기쁨은 급행이나
슬픔은 완행이라는 사실이다.
그리고 기회를 실은 열차는 예고 없이 왔다가 순식간에 떠나간다.
그러나 실패를 실은 열차는 늘 정거장에 머물러 있다.

이 보이지 않는 정거장에서는 자기 마음에 들지 않는다고 해서
그냥 돌아오지 못한다.
누구이건 이것이냐, 저것이냐를 택하여야만 한다.
행복이냐, 불행이냐.
기쁨이냐, 슬픔이냐.
성공이냐, 실패냐.

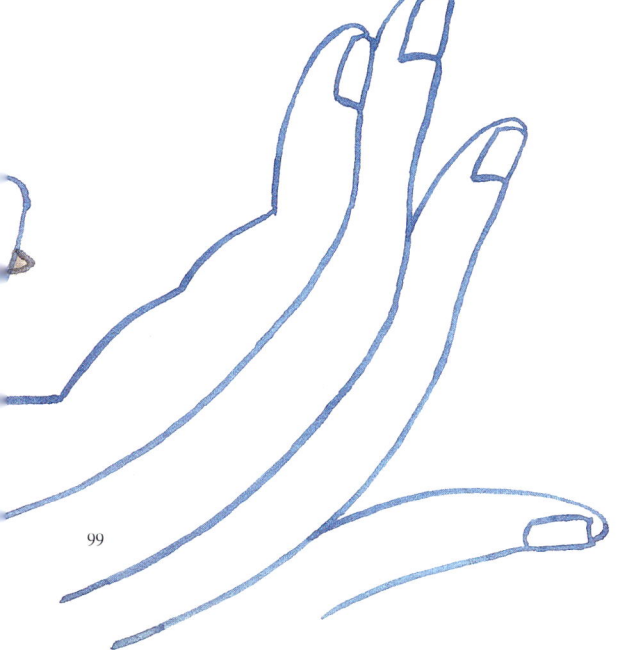

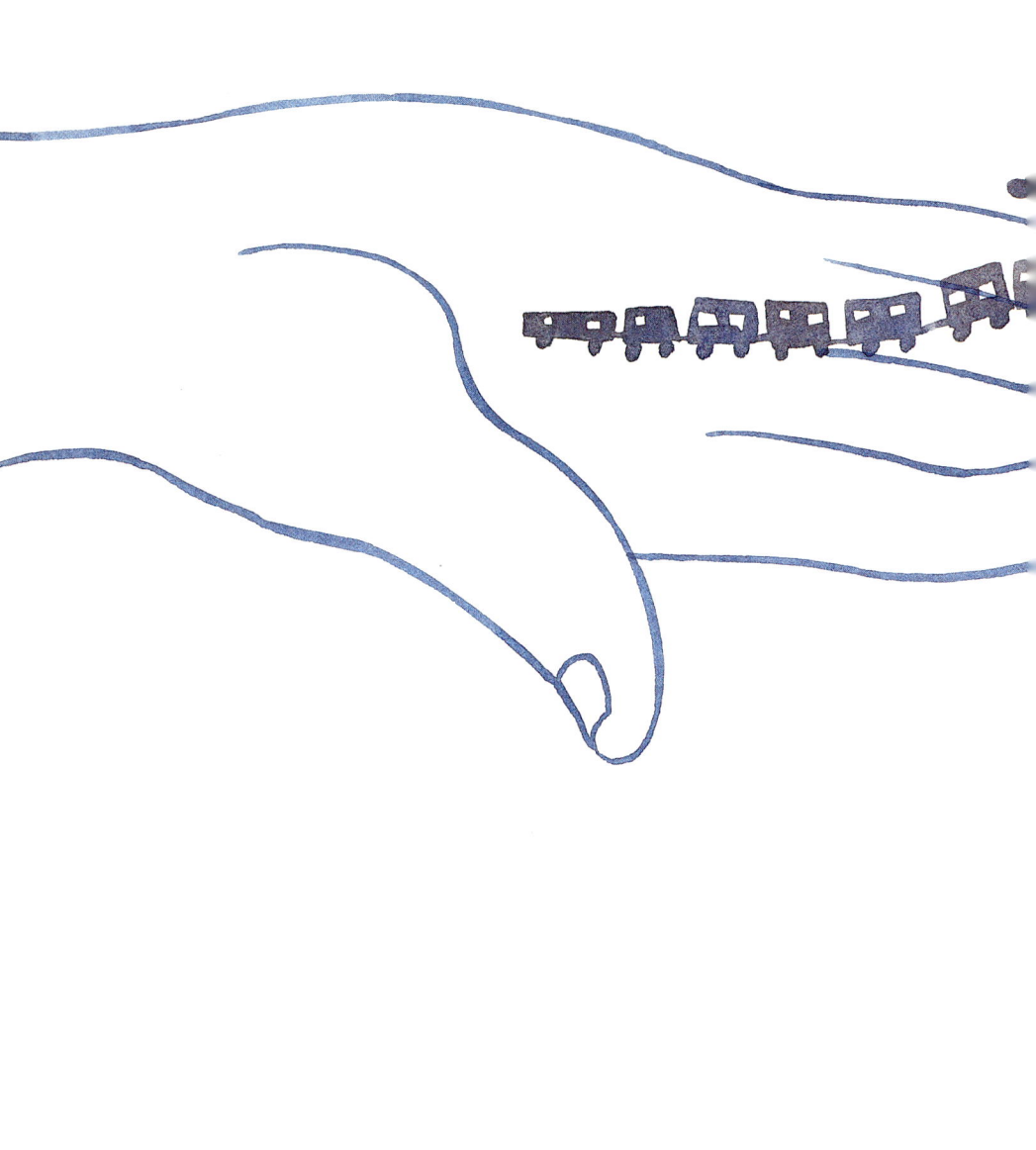

그러나 모두들 행복과 기쁨과 성공을 원하기 때문에
이들을 실은 열차는 사람들이 방심하고 있는 순간에 왔다가 탄환처럼 떠나간다.

어떠한 순간에도 정신을 놓치지 않는 사람,
꽃잠이 오는 새벽녘에도 깨어 있는 사람,
작은 이슬방울 하나에도 환희를 보는 사람,
이런 사람만이 자기가 원하는 것을 맞이할 수 있다.

이 투명 정거장은 수평선 너머나 지평선 너머에 있는 것이 아니다.
바로 지금 당신의 가슴속에 있다.

평화 시대에 살기가 더 어렵다네

싸움이 잦았던 독수리 마을에도 평화가 찾아왔다.
산에 나무 또한 많아져서 산새며 산짐승이 늘어나니
소득 또한 높아졌다.

우두머리 독수리는 평화 시대가 계속되고 소득 또한 많아졌으니
가정마다 태평가가 흘러나오려니 생각했다.
그런데 그게 아니었다.
여론 조사를 했더니 여전히 세상 살아가기 고통스럽고 괴롭다는 대답들이었다.

우두머리 독수리는 암행어사를 시켜서 각 가정을 탐방해
결과를 보고하도록 했다.
암행어사 독수리가 찾아가 본 한 독수리네는
전쟁 땐 그렇게도 용감하고 집밖에 모르던 수독수리가
바람을 피워 대서 못살겠다고 하소연했다.

또 한 독수리네는 새끼들이 가난할 때는 속을 썩이지 않더니
이제 먹고살 만하자 제멋대로 논다고 한탄했다.
세상 살기 재미없다는 독수리들이 대낮부터 술에 취해 있기도 했고,
심지어 짝하고 즐기기 위해 대마초 이파리를 뜯어 먹으러 다니는
독수리들도 있었다.

암행어사 독수리는 우두머리 독수리에게 진언했다.
"이번 기회에 평화 시대에 살기가 더 어렵다는 것을 알았습니다.
목표가 없고 긴장이 없는 삶은 방황을 가져오게 되니까요."

"가정은 가정대로, 그리고 개인은 개인대로
장래의 목표를 가져야 행복할 수 있다는 것을 알았습니다."

풀꽃들의 데모

난蘭만을 사랑하는 사람이 있었다.
이 세상 식물 중의 식물은 난이며 꽃 중의 꽃은 난이라고 생각하고서
다른 것은 거들떠보지도 않는 사람이었다.
이 사람은 또 산과 산을 찾아다니며 야생 난을 채취하는 데
주말을 바치는 사람이기도 하였다. 어쩌다 희귀종을 발견했을 때의 환호는
'심봤다!' 고 외치는 심마니의 목소리 못지않았다.
어느 날 밤이었다. 그가 잠을 자는데 야생화들이 와자하게 그의 방으로 들어왔다.
보라색의 용담 꽃이 말했다.
"나는 산자락에서 살고 있는 꽃이어요. 그런데 지난번에 난을 찾아 헤매는
당신의 발에 밟히고 말았어요."

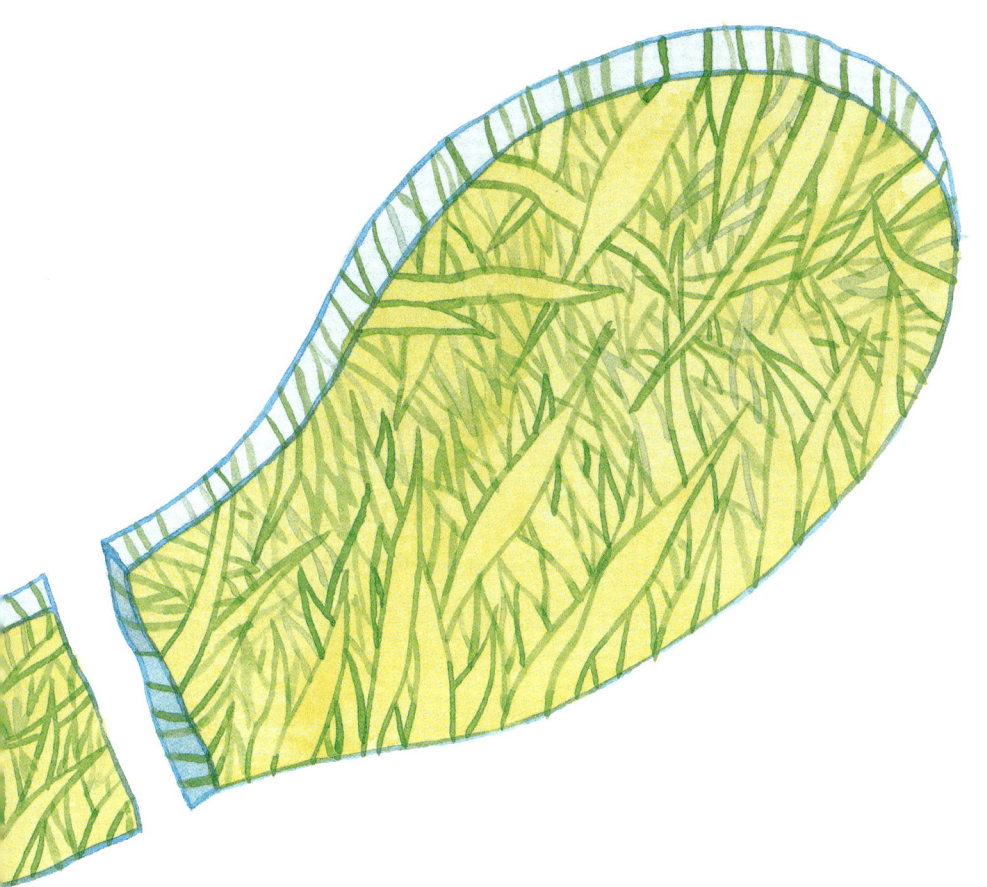

노란 마타리 꽃이 말했다.
"당신은 꽃의 품위를 최고로 치지만
나는 늦가을에 종자를 익혀 한약재로도 쓰이게 하지요.
그런데 지난번 당신이 산에 왔을 때
무정하게도 지팡이로 나의 허리를 부러뜨렸어요. 그렇게 해도 되는 건가요?"
하얀 토끼풀이 말했다.
"저는 흔하지만 아이들로부터 사랑받는 꽃이어요.
그런데 당신은 지난번에 왔을 때 점심 먹는 자리로 잡아서
수많은 우리들을 엉덩이로 깔아뭉개 버렸어요."

붉은 하늘말나리가 말했다.
"난은 온순하지요. 그러나 우리한테는 굳건한 생의 의지가 있어요.
개성이 곧 아름다움이기도 한 것 아닌가요?"
꽃들은 한꺼번에 덤벼들어 그의 목을 조르려고 하였다.
그는 비명을 지르며 일어났다.
꿈이었다.
창가에 서서 그는 명상에 잠겼다.
"내 눈에는 하잘것없는 풀꽃이라도 그들 나름대로 개성 있고
자존하는 꽃인 것을 내가 너무 무시했구나.
편애하는 것은 내가 스스로 좁게 사는 길이지.
세상만사를 두루 알아보는 눈을 가져야겠어."

상속의 조건

부자인 아버지만 믿고 아무 일도 하지 않는 아들이 있었다.
어머니는 또 천금 같은 아들 편이 되어서 아들만 감싸고돌았다.
아버지가 병들어 죽을 날만 기다리게 되었다.
그는 아들을 불러 말했다.
"네 힘으로 금전 한 닢을 벌어 오너라.
그래야 재산을 네 앞으로 상속시켜 주겠다."
어머니는 남편 몰래 아들에게 금전 한 닢을 건네주었다.
아들이 금전을 아버지 앞으로 가져가자 아버지는 단번에
"이건 네 돈이 아니다" 하며 난로 속으로 금전을 던져 버렸다.
다음번도 어머니는 남편 몰래 아들에게
금전 한 닢을 건네주었다.
이번에도 아버지는 "이건 네 돈이 아니다"라며
난로 속에다 금전을 던져 버렸다.

그때서야 어머니와 아들은 마음을 바꾸었다.
어머니는 아들더러 네 힘으로 "금전을 벌어오라"고 일렀다.
아들은 거리로 나서서
금전 한 닢 어치의 노동을 한 다음에
금전 한 닢을 가지고 돌아왔다.
그러나 이번 역시도 아버지는 금전을
난로 속으로 던져 버렸다.
아들은 황급히 난로 속을
뒤져서 금전을 꺼내면서 흐느껴 울었다.
"아버지. 너무하십니다.
이 돈을 버느라고 제가 얼마나 고생을 했는지 아십니까?"
그제야 아버지는 고개를 끄덕이며 아들의 손목을 따뜻이 잡아 주었다.
"그래, 이것은 네가 번 돈임을 알겠다.
이젠 내가 안심하고 재산을 맡길 수가 있겠다."

파멸의 조건
— 앤소니 드 멜로 예화에서

거짓 예언자와 참 예언자의 식별 방법

거짓 예언자는 상대에게 듣기 좋은 말만을 한다.
참예언자는 상대가 듣기 싫어하는 말도 서슴지 않는다.
참예언자가 있었다.
그는 틀린 적이 없는 그의 예언 때문에
감옥에도 자주 드나들었다.
어느 날 그는 '인류의 멸망 원인'을 밝히겠다고 했다.
알 만한 사람들이 모이자 그는 이렇게 말하고 들어가 버렸다.

첫 마음을 잃어버린 묵은 마음에 의해서

육체 대접에 비해 형편없는 정신 대접

정치가들의 원칙 없는 정책

지도자들의 연민 없는 발전 추구

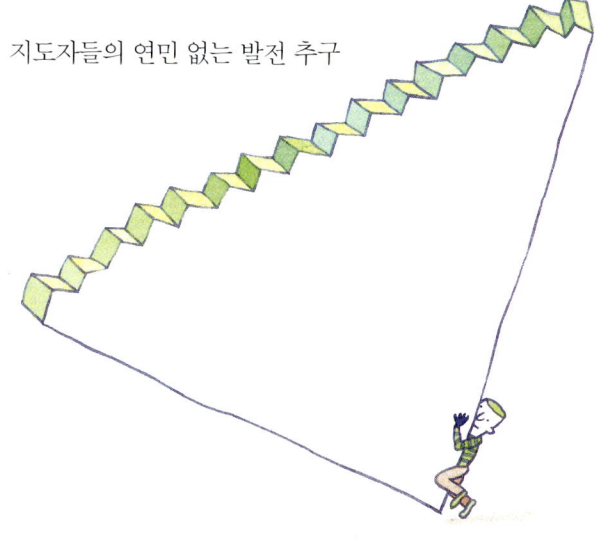

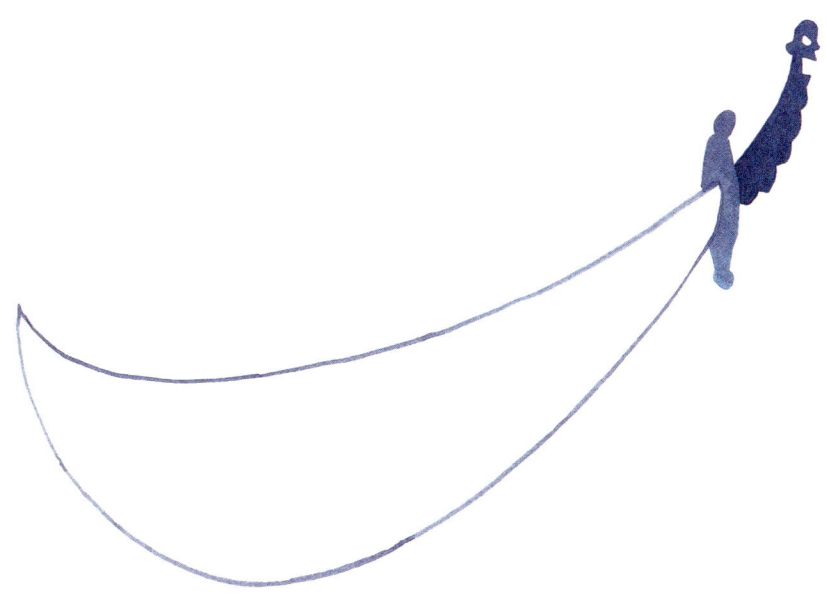

펜보다 강한 칼

일하지 않고 잘살려고 하는 사고방식

시험만을 위한 배움

그리고 깨침 없는 예배.

남이 되는 순간

교통 상황판에 게시되어 있다.
'사망 5명, 부상 145명.'

노래를 듣고 있었어.
활짝 웃고 있었어.
만남에 가슴이 뛰고 있었어.

걱정에 한숨을 쉬고 있었어.
시계를 보고 있었어.
하품을 하고 있었어.

그들도 자기가 사고자에 포함된다는 것을 모르고 있었지.
지금 당신이 그 선을 넘어 들어가고 있다.
깨어라! 지금 당신이 지금 남이 되는 순간이다.

3… 멀리 가는 노래

어떤 대화

"난 네가 나 하자는 대로 따라 주지 않아서 미치겠다."
"무슨 소리야? 나는 네가 부리는 변덕 때문에 피곤해 죽겠는데."
"때로 나는 너같은 저질한테 갇혀 있는 내가 처량하다고 생각한다."
"누가 누구한테 갇혀 있는데 그래.
나는 네 감옥 탈옥하기를 얼마나 꿈꾸는지 알기나 해."
"그럼 헤어지자는 거니?"

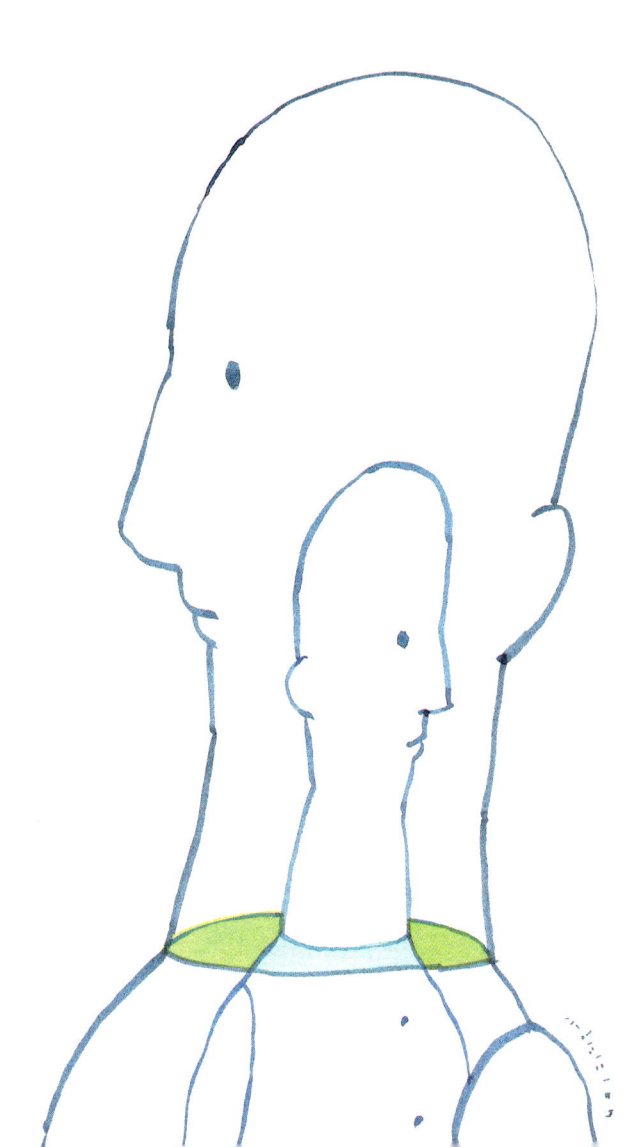

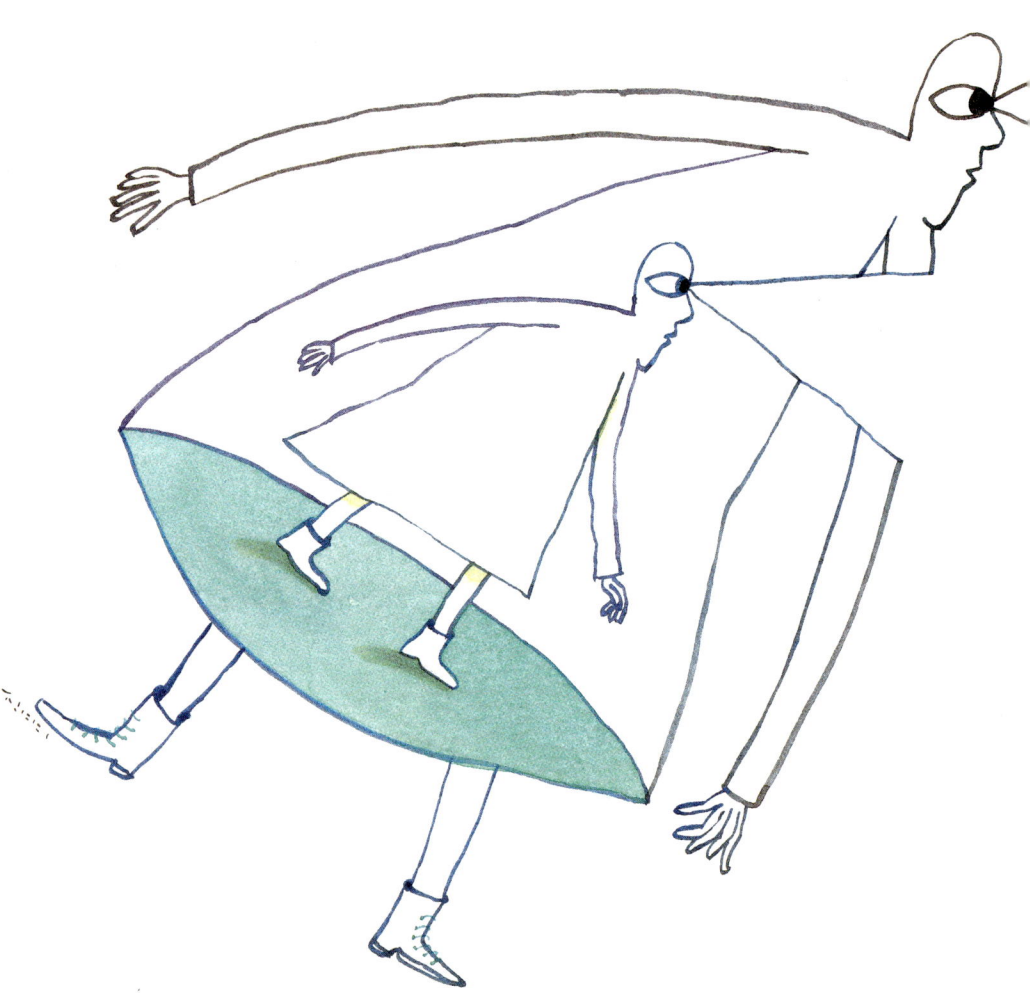

"하기는 너 없으면 나는 식물인간일 테지."
"너는 나의 꽃이었고, 나는 너의 꽃이었던 시절이 있었지."
"그래, 어렸을 때는 그랬었어."
"그때처럼 하나될 수는 없을까?"
"꿈틀거리고 있는 것을 비워야 하는데……
그것도 날이면 날마다……."

나는 비로소 알아차렸다.
한쪽은 나의 영혼이고 다른 한쪽은 나의 육체라는 것을.

새벽 달빛

그가 아이였을 때 새벽달은 종종 보았다.
마루 끝에 서서 길게 달빛 같은 오줌을 누던 것을.
간혹 어머니한테 들켜서 꾸중을 들었으나 그는 이런 핑계를 대곤 했다.
"달빛하고 누가 더 하얀지 보려고요."

소년이 되자 그는 집이 가난하여 우유 배달을 하였는데
그때 새벽달하고 가장 정이 들었었다.
어떤 날은 윗사람으로부터 야단을 맞고 눈물을 방울방울 흘리기도 했었다.
그러면 달빛은 하얀 손수건처럼 그의 뺨 위에 내려서 그를 위로하곤 했다.

청년 시절에도 그는 새벽달과 친하게 지냈다.
도서관을 새벽 달빛 속에서 찾아가기도 하고 돌아오기도 했다.
어느 날 그는 새벽달한테 주먹을 쥐어 보이며 다짐을 했다.
"두고 봐라, 난 반드시 이루고 말 테다."
그런데 그가 머리를 빗어 넘기고 넥타이를 매면서부터였다.
그가 점점 새벽달한테 보이지 않게 된 것은.
그것은 실로 우연이었다.
바다가 보이는 호텔의 옥상 위로 새벽달이 지고 있었는데
어느 방의 창가에 그가 서 있었다.
그리고 그의 곁에는 속옷 바람의 여자가 있었다.
"아하, 결혼을 한 게로군."
새벽달은 빙그레 웃었다.

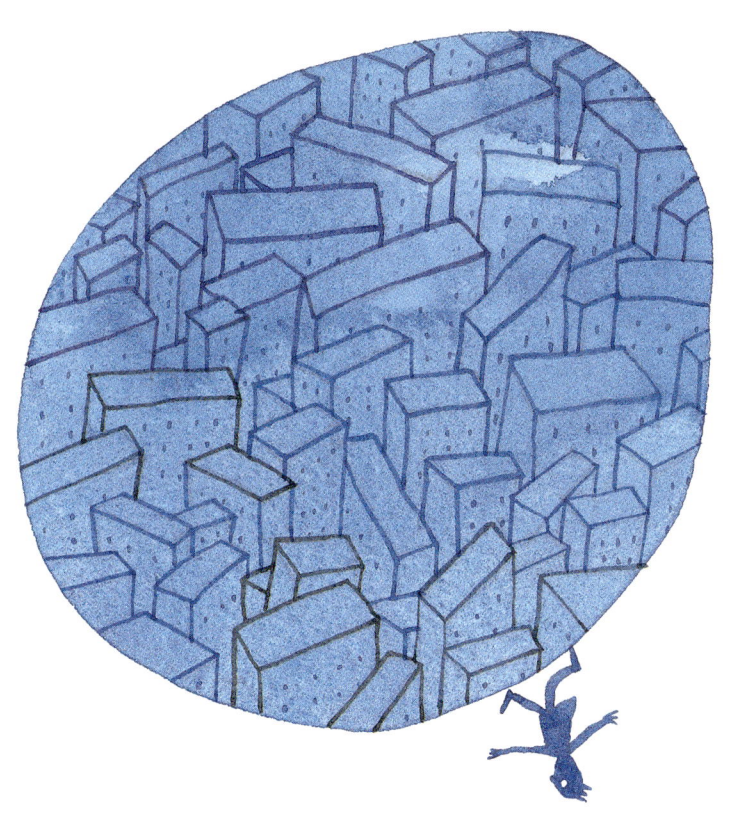

그날 이후로 십 수 년은 그를 통 볼 수가 없었다.
그러다 어느 날 새벽달이 도시의 골목을 비추고 있는데
그가 술에 젖어서 전신주에 기대서 있었다.
그동안에 그가 변한 것은 약간의 대머리와 약간의 배불뚝이라는 점이었다.
그는 혀가 굳은 소리를 하고 있었다.
"나는 혀엉편 없는 노옴이야……
어머니, 어머니 하안 분도 제대로, 제대로 모시지 모하고 있어……."

십 수 년이 또 지났다.
어느 날 무심히 새벽달은
어떤 병원의 창을 넘어다보다 말고 깜짝 놀랐다.
파리해진 그가 병실의 침대 위에 누워 있었던 것이다.
새벽 달빛이 고여 들자 그것이 홑이불인 줄 알고
헛손질을 하던 그가 문득 눈을 떴다.
그가 반기는 것을 새벽달은 참 오랜만에 보았다.

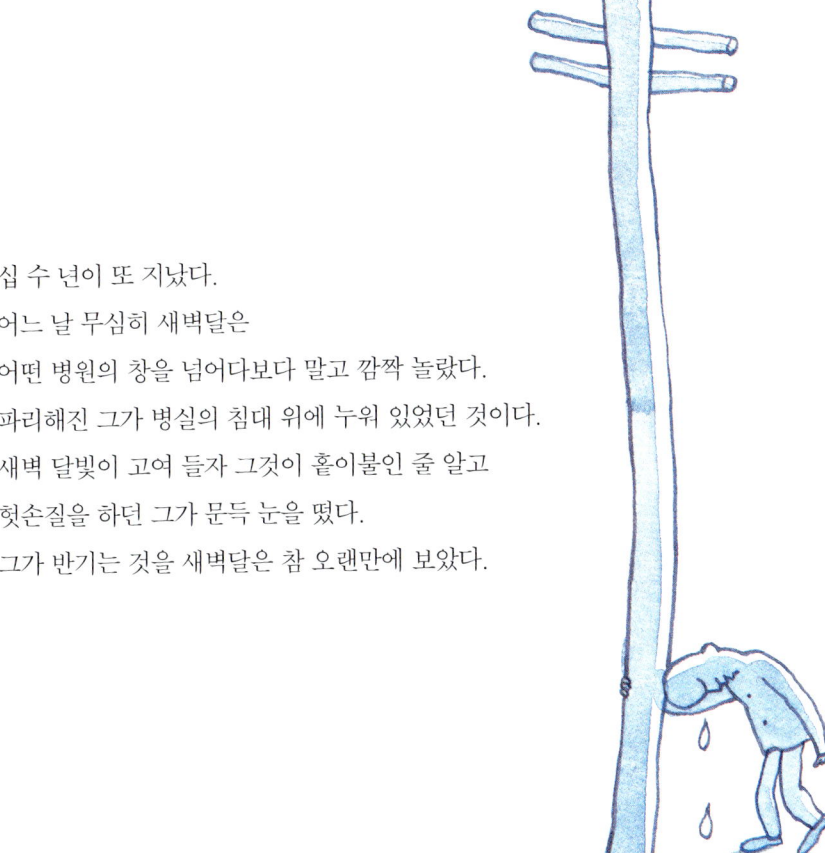

그가 힘없이 말했다.
"나는 그동안 너무도 헛살아온 것 같아. 내 삶을 내 식으로 살지 못하고
남의 눈치에 맞춰 남의 식으로만 살아온 거야.
작은 것도 서로 나누어 가지면서 사람답게 살고자 한 것이
나의 청년 시절의 꿈이었는데……."
오랜만에 열린 그의 가슴속으로 새벽 달빛이 조용히 흘러들었다.
"지금도 늦지 않았어. 보람이 무엇인지를 생각하되
편안함과 타협하지 말고 명예를 지나치게 탐하지 말게나.
그리고 간혹 숨을 멈추고 우주의 소리에 귀를 기울이게.
새소리 한 낱, 바람 소리 한 낱이 때로는 소중한 기쁨을 주기도 할 걸세."
다음 날 새벽달이 그를 찾아가 보니 그의 침대가 텅 비어 있었다.
새벽 달빛만이 침대 위에 쓸쓸하게 있다가 돌아갔다.

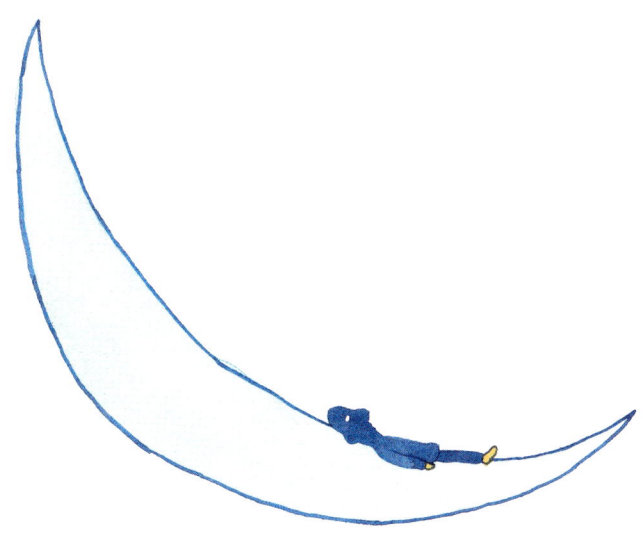

언제 어디서 어떤 모습으로 어떻게 만나게 될는지…….
아니면, 어느 공동묘지에서 그의 묘비를 발견하게 될는지…….

파도와 침묵

'참자'라는 이름을 가진 갈매기가 있었다.
그런데 그도 세상을 살아 보니 참기 어려운 일이 종종 일어났다.
참자 갈매기는 더 이상 참을 수 없다고 생각했다.
그는 마지막으로 이름을 지어 준 스승 갈매기를 찾아갔다.
참자 갈매기의 하소연을 묵묵히 듣고 있던 스승 갈매기가 앞서 날면서 말했다.
"나를 따라오너라."

바닷가의 바위 위에 스승 갈매기가 사뿐히 내려앉았다.
참자 갈매기도 그 곁에 사뿐히 내려앉았다.
스승 갈매기가 말했다.
"이 바위에 폭풍우가 무섭게 몰려들던 날을 기억하지?"
"네."

"그 사나운 파도들이 계속 덤벼들 때에 이 바위는 어떻게 하더냐?
맞대응을 하더냐?"
"아닙니다. 침묵을 지키고 있었습니다."
"그리고, 폭풍우가 지나간 뒤 이 바위를 본 적이 있을 테지?
폭풍우 속의 파도들이 바위를 깨끗이 씻어 주었던 것을.
오히려 바다가 조용해져 있었던 날에 끼어들었던 온갖 쓰레기들을
그 파도들이 치워 가지 않았더냐."

스승 갈매기가 하늘 높이 날아올랐다. 참자 갈매기도 따라서 날았다.
스승 갈매기가 말했다.
"참을 수 없는 캄캄한 때일수록 더욱 참아라.
조개가 아파야 진주가 자라는 법이다."

인 간 핵 실 험

지구촌 기획실에서 새로운 안을 만들어 내기에 바쁘듯이
악마촌 기획실 또한 머리 짜내기에 여념이 없다.
인간들에게
'날마다 좋은 날 日日是好日 이기를' 이라는 인사말이 있다고 하자
그들은 '날마다 나쁜 날 日日是惡日 이기를' 이라는 인사말을 만들어 냈다.
이들은 얼마 전에 인간 세상에서 환경 공해를 막기 위해 떠들썩하다는 소식을
접하고는 '환경 공해 촉진팀' 을 따로 만들기로 했다.
이 '환경 공해 촉진팀' 에서는 인간들이 '후손과 함께 살아가야 할 우리' 라는
환경 캠페인을 벌이고 있다고 하자, '지금 나만' 이라는 생각 세균을
개발하기도 하였다.

악마촌 기획실에서는 최근 인간들의 여론 조사를 훔쳐내 보았다.
그랬더니 '핵' 문제가 최근 관심사로 급부상해 있는 것이 아닌가.
그들은 부랴부랴 '핵 개발팀'을 창설하였다.
'핵 개발팀'의 연구는 날 새는 줄도 모르고 진행되었다.

거짓, 교만, 시기, 불신, 불만 중에서 어떤 것을 주원료로 쓸 것인지 비교 검토가 마침내 끝났다.
드디어 인간의 심성을 파괴시키는 '핵' 개발이 완료되었다.
주원료는 불신. 문제는 이 핵 실험을 어디서 하느냐는 것이었다.

어떤 악마 연구원은 종교 집회장을 택하자고 하는가 하면
어떤 악마 연구원은 학교를 또는 정부 기관을 택하자고 하기도 했다.
악마촌의 원장은 '핵 개발팀장'을 불러서 지시했다.
"우리들의 핵 실험을 인간들의 기초 단위인 가정에다 해보시오.
가정의 파괴는 곧 인류의 파괴를 가져오게 될 테니까."

혹시 당신 가정이 이 핵 실험장이 되고 있는 것은 아닌지요?

메추라기 마을 패망기

깊은 산속에서 고명하신 스님 한분이 돌아가셨다.
스님이 저승에 가자 부처님께서 말씀하셨다.
"전생에서 지은 너의 공덕에 따라서 메추리들의 우두머리로 환생시키겠다."
"우두머리가 되자면 지혜가 필요할 텐데요."
"물론이지. 네가 인간 세상에서 보고 얻은 지혜 가운데서
가장 절실하게 느꼈던 것 한 가지만 기억하게 해주마.
그걸로 메추리들을 이끌어 나가거라."

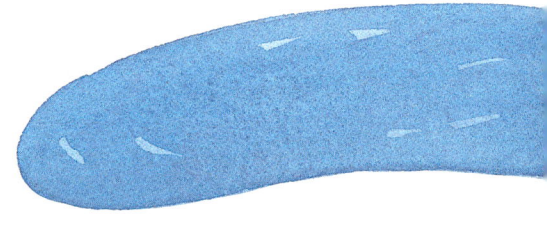

이리하여 스님은 메추리들의 몸을 받아 태어났다.
그리곤 어른 메추리가 되자 메추리 마을의 우두머리가 되었다.
어느 해, 메추리 마을에는 비상사태가 발생하였다.
메추리들을 잡아가는 사냥꾼이 나타났기 때문이다.

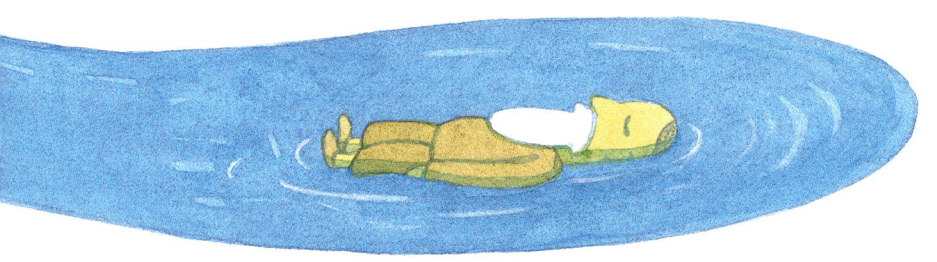

그 사냥꾼은 메추리 우는 소리를 기가 막히게 잘 냈다.
친구가 부르는가 싶어서 메추리들이 나가면
어김없이 그물이 날아와서 몽땅 잡아가는 것이었다.
우두머리 메추리는 모든 메추리들을 불러 모았다.
그리고는 한 가지 방법을 일러 주었다.
"사냥꾼의 그물에 걸리면 하나, 둘, 셋 하고 일제히 날도록 하라.
그리하여 그물을 쓴 채 나무 위에 올라가서
제각기 아래로 빠져 도망치거라. 알았느냐?"
"넷."
다음 날도 사냥꾼은 여느 날처럼 찾아와서
메추리들의 친구 소리를 흉내 냈다.
메추리들이 모였다.
소나무 뒤에 숨어 있던 사냥꾼이 그물을 던졌다.
그러나 이번은 달랐다.
메추리들이 하나, 둘, 셋 하고
일제히 그물을 쓰고 날아서 나뭇가지에 앉았다.
통쾌한 탈출이었다.

사냥꾼은 몇 번이나 실패를 거듭하였다. 사냥꾼은 중얼거렸다.
'그렇군. 메추리들이 사이좋을 땐 안 되겠어.
저희들끼리 싸워서 사이가 나쁠 때 잡아야지.'
사냥꾼은 살며시 메추리들이 좋아하는 모이를 뿌려 놓았다.
"얘, 그건 내가 먼저 찾은 거야."
"뭐라고? 내가 먼저 봤어."
두 마리의 메추리가 싸움을 시작하였다.
싸움은 점점 커졌다. 끝내는 두 패로 갈라졌다.
숨어서 이것을 보고 있던 사냥꾼은 싱긋 웃었다. 재빨리 그물을 던졌다.
메추리들은 싸움을 하고 있던 참이라 힘을 합칠 수가 없었다.

제각기 흩어져서 달아나려고만 했기 때문에
그물코에 목이 걸리거나 날개가 걸려서 모두 잡히고 말았다.
우두머리 메추리는 탄식을 하면서 깊은 산속으로 들어가 버렸다.
'이 세상 것들은 왜 이다지도 어리석단 말인가.
그까짓 먹을 것 조금 가지고 하는 유혹에
번번이 넘어가고 말다니…… 애석한지고, 애석한지고.'

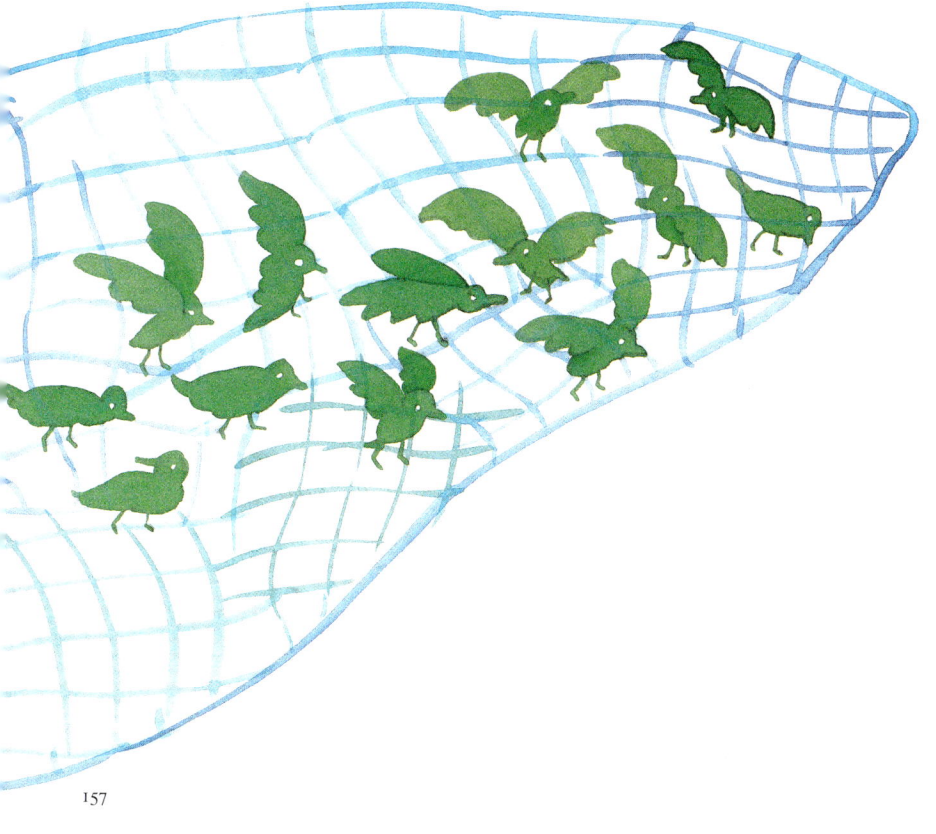

멀리 가는 노래

한적한 바닷가에서 바다사자가 바다제비한테 은근슬쩍 떠보았습니다.
"바다제비야, 저번에 멀리 달리기에서는 내가 졌는데
이번에는 소리 지르기 시합을 해볼까? 누구의 소리가 멀리 가는가 말이야."
의외로 바다제비는 순순히 응했습니다.
"좋아요. 해봐요."
바다사자는 얼씨구나 했습니다. 갈매기를 심판으로 정한 다음에
수평선을 향해 "우와와와아아아" 하고 목청껏 소리를 질렀습니다.
바다제비 또한 "지지배배 지지배배" 소리를 질렀습니다.

갈매기는 훨훨 날아갔습니다.
바다 가운데 떠 있는 섬에 이르러 도요새한테 물었습니다.
"바다사자 소리 들었니?"
"들었지. 굉장하더군."
"바다제비 소리는?"
"그 소리도 들었어. 가냘팠지만."
갈매기는 더 멀리 수평선으로 날아갔습니다.
그곳에서 귀를 내놓고 있는 소라한테 물었습니다.
"바다사자 소리 들었니?"
"못 들었는데."

"바다제비 소리도 그럼 못 들었겠구나."
"아니야. 바다제비 소리는 들었어. 지지배배 지지배배 하던걸."

갈매기는 바닷가로 돌아와서 들은 대로 전했습니다.
"수평선에 사는 소라한테 물었더니 바다사자 소리는 못 듣고
바다제비 소리는 들었다고 했어. 가냘팠지만."
바닷가 동물들은 아무래도 이상하다며 수군거렸습니다.

이때 바다제비가 나서서 말했습니다.
"우리 바다제비한테는 소리를 전달하는 아름다운 전통이 있어.
하나가 노래하면 다른 바다제비가 그 노래를 듣고 전달해 주고 전달해 주고…….
그렇게 해서 우리들의 노래는 바다 멀리멀리 가는 거야."

함께 본다

맞선을 본 여자가 두 남자 중 한 사람을 택하여야 할 입장에 서게 되었다. 여자는 먼저 본 남자를 불러 산책을 나섰다. 얼마쯤 갔을 때였다. 남자가 발을 멈추며 말했다.
"가만, 저기 뱀이 있습니다."
"어마나, 어디예요?"
"저기 미루나무 밑을 보십시오. 죽은 것 같습니다만……."
여자는 남자와 미련 없이 작별하였다.
"안녕히 가셔요."

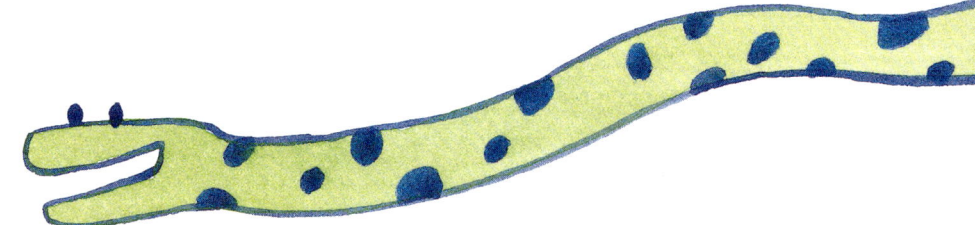

이번에는 나중에 본 남자를 불러 산책을 나섰다.
같은 길로 가다 미루나무가 서 있는 데서
남자가 말했다.
"그냥 조용히 가시지요."

"왜요? 무엇이 있는가요?"
"안 보시는 게 좋을 것 같습니다. 대신 저기 저 코스모스를 보십시오. 아름답게 피었지 않습니까?"

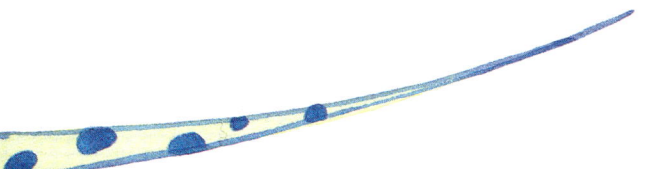

돌아오는 길에서 여자가 물어보았다.
"미루나무 밑에 죽은 뱀이 있었는데 왜 못 보게 하였습니까?"
"안 좋은 것은 본 사람 하나로 그치는 게 좋은 거 아닙니까?"

물론 여자는 나중 남자와 결혼하였다.
그녀는 결혼 이유를 이렇게 설명하였다.
"세상에서 안 좋은 것을 함께 보자는 사람보다는
좋은 것을 함께 보며 살자는 사람이 중요한 거 아닐까."

월인이인지곡 月印二人之曲

나(달)는 쌍둥이인 양 늘 붙어 다니는 두 아이를 알고 있었다.
두 아이는 초등학교를 졸업한 날 밤에 마을 앞 방죽으로 나와서
이렇게 맹세하고 헤어졌다.
"20년 후 추석날 밤에, 한가위 달이 뜰 때 여기서 다시 만나자."
20년이란 인간들에게 지극히 긴 것 같지만 짧은 것이기도 하다.
송편을 스무 번만 먹으면 넘어가는 것이 아닌가.

그러나 그들의 고향은 무한히 변했다.
초가지붕이 슬레이트 지붕으로, 그리고 또 아파트로 변했고,
방죽 아래 흐르는 냇물은 이제 검정 물이 되었다.
나(달)는 이들, 마을과 산천보다도 더 많이 변하는 것을 알고 있다.
그것은 사람의 마음이다.

어느덧 그들이 약속한 스무 번째 한가위가 돌아왔다.
내가 달산 위로 떠올라 바라보니
두 사람이 방죽의 양끝에서 걸어 나오고 있었다.
드디어 둘은 방죽의 한가운데서 만났다.
둘은 이내 담뱃불을 나눠 붙였다.
그러나 그들은 악수도 하지 않은 채 헤어지는 것이 아닌가.
동편으로 가고 있던 사람이 나를 우러러보며 말했지.
"내가 숨어 다니다 붙들렸을 때 모진 고문을 받은 적이 있어.
그 고문 기술자를 오늘 다시 만났군 그래."
서편으로 가고 있던 사람 역시 나를 우러러보며 이렇게 말하는 것이었어.
"분명히 한때의 수배범이었어.
3년 전에 만났더라면 1계급 특진하였을 텐데."

당신의 공간

바다 밑에 산호 마을이 있었다.
물풀 꽃이 피고 진주조개가 입을 열고 무지개가 이는 곳.

그런데 언제부터인가, 이 산호 마을에 그늘이 드리워지기 시작했다.
물풀 꽃이 지고 진주조개가 입을 다물었다.
무지개는 온 데 간 데가 없고 음울한 물살이 죽은 파래며 모래 등을 실어 왔다.

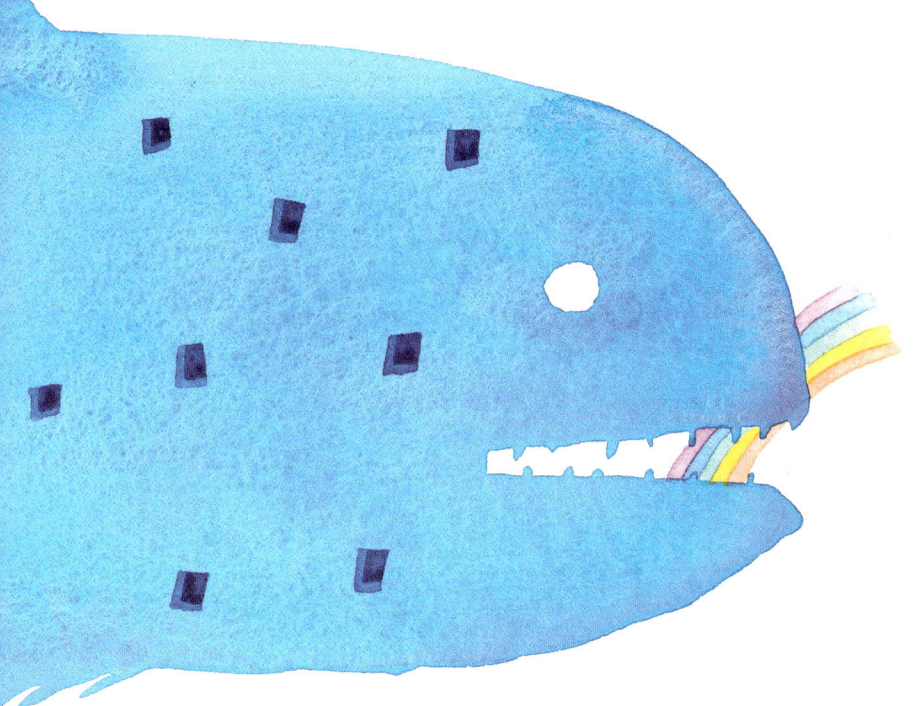

여기에 사는 고기들이 조사를 해보니
자신들이 얼굴을 찌푸리고 다닌 것이 원인임을 알게 되었다.
민어가 장어한테 물었다.
"넌 왜 웃음을 잃었느냐?"
"서대가 우울해 하니까."
"서대 넌?"
"명태가 인상을 쓰고 있어."
"명태 넌?"
"망둥이가 그래."

마침내 끝에 이른 그들은 새끼 우럭이 얼굴을 찌푸리고 다닌
첫 번째라는 것을 밝혀내었다.
"너는 왜 늘 우울해 하느냐?"
그러자 새끼 우럭은 펄쩍 뛰었다.
"저는 그런 적이 없는데요. 제 얼굴이 그렇게 보였는지는 모르지만."
민어가 새끼 우럭을 불러 나무랐다.
"네 얼굴의 본 태생이 그렇다는 것은 알고 있다.
그러나 공동체에서는 한 얼굴의 표정이 금방 전염되는 것이야.
한 송이 꽃 같은 싱그러운 얼굴빛은 여럿을 밝히지만,
어두우면 금방 전체를 어둡게 하고 말아.
우리 공간을 밝게 하는 것은 네 책임이다."

늘 행복이

늘 불행하다고 생각하는 사람이 있었다.
부모 복도 없고, 여자 복도 없고, 직장 복도 없고, 돈 복도 없는 그가 어느 날 늘 웃고 사는 행복이를 찾아갔다.
그런데 '늘행복이' 한테도 늙고 못 배운 부모님이 계셨다.
아내도 미인이 아니었고, 평범한 월급쟁이에 집도 형편없이 작았다.
'늘불행이'가 물었다.
"행복할 거리라곤 하나도 없는데 뭐가 그리 즐거우세요?"

늘행복이가 늘불행이를 데리고 길 건너편에 있는 병원으로 갔다.
수술실 앞에서 초조해 하는 사람들.
병실에서 앓고 있는 사람들.
링거를 꽂은 채 휠체어를 굴리며 가는 사람들.
영안실에서는 울음소리가 높았다.

병원을 나서면서 늘행복이가 말했다.
"보시오. 우리는 저들에게 없는 건강이 있으니 행복하지 않은가요?
날 걱정해 주는 아내와 귀여운 아이들이 있으니 행복하고,
작지만 내 집이 있으니 행복하지 않은가요?
나는 불평이 일 때마다 숨을 크게 쉬어 봅니다.
공기가 없다면 죽게 되겠지요. 그런데 공기가 있지 않은가요.
마찬가지로 없는 것보다는 있는 것을 생각하면 평화가 오지요.
죽어서 묘 자랑을 하느니 살아서 꽃 한 송이를 소중히 여기는 것이
행복의 비결입니다."

4··· 내 그림자는 어디로 가나

장애물 경주

요술쟁이가 나타나 아지랑이를 가지고 그물을 엮었다.
그림자를 가지고 사다리를 만들었다.
메아리를 가지고 뜀틀을 만들었다.
요술쟁이는 그것을 운동장에 설치해 놓고서는 사라졌다.

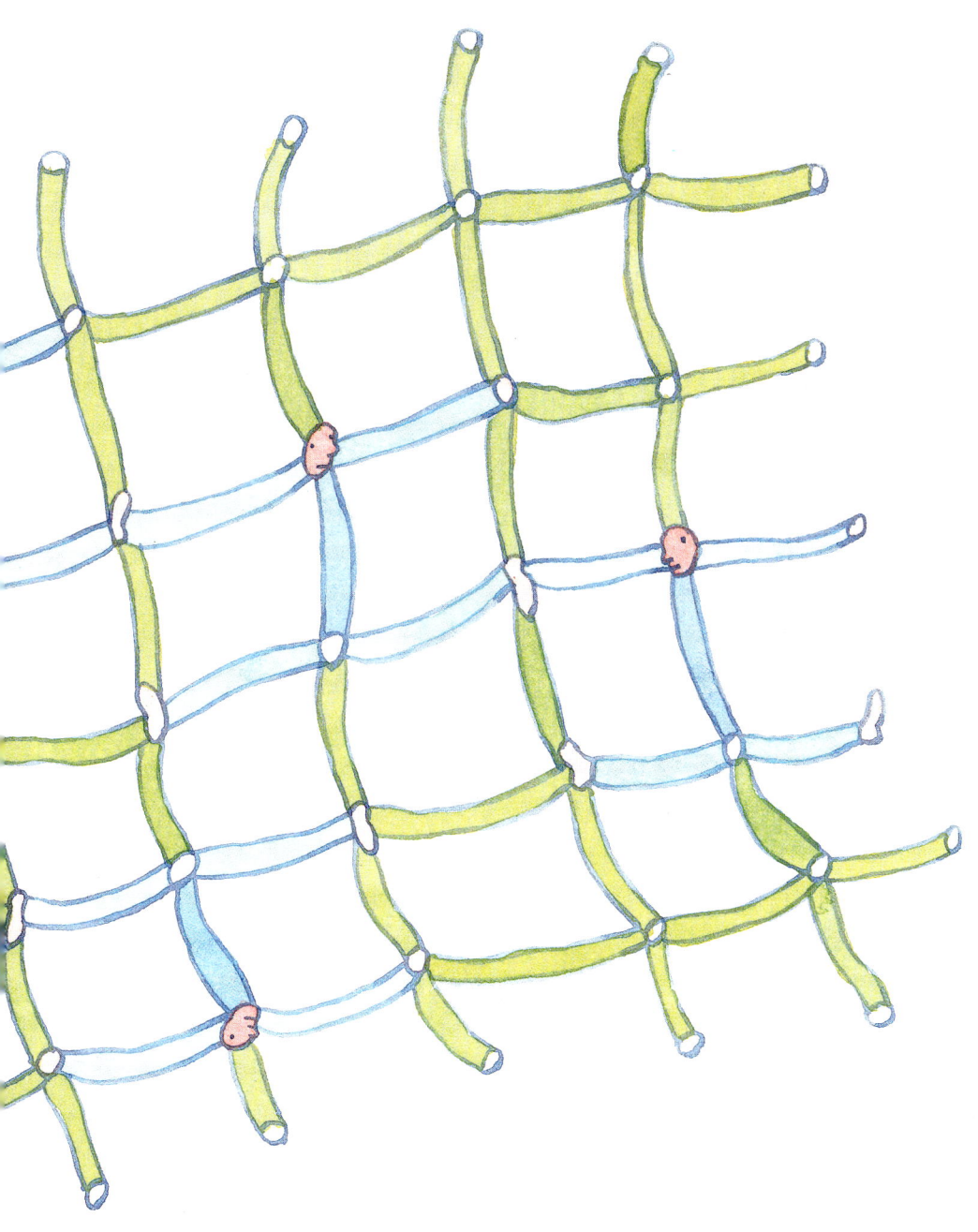

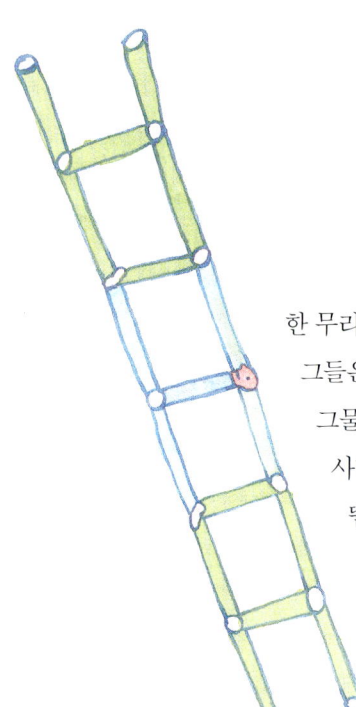

한 무리의 사람들이 운동장에 들어왔다.
그들은 출발 신호가 나자 일제히 달려 나갔다.
그물에 걸려서 빠져나오지 못하는 사람들이 많았다.
사다리에서 허우적거리는 사람들도 많았다.
뜀틀에서 굴러 떨어지는 사람도 많았다.

신이 '끌끌끌' 혀를 차며 말했다.
"불쌍한 인간들 같으니라고.
아, 부귀를 아지랑이처럼,
애욕을 그림자처럼,
공명을 메아리처럼
벗어 버리면 될 거 아냐."

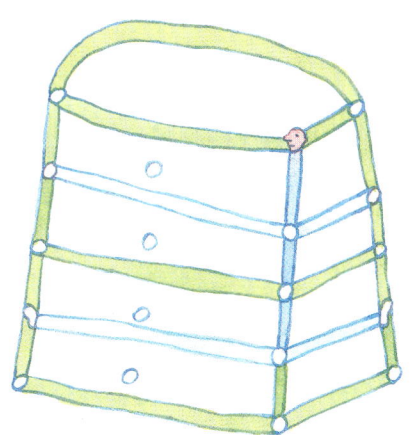

신新 종의 기원

동물원에 사는 원숭이가 새끼를 낳았다.
어느 봄날 엄마 원숭이는 새끼 원숭이를 업고 외출을 나왔다.
"오늘은 내가 너한테 인간들 구경을 시켜 주지."
엄마 원숭이가 새끼 원숭이를 업고 바깥으로 나오자
사람들이 지나가면서 깔깔대며 놀려 대었다.
"아기 업고 나온 원숭이의 저 청승맞은 짓 좀 봐라."
깔깔대기는 원숭이도 마찬가지였다.
"겉 다르고 속 각각 다른 저들을 봐라.
그것도 부족해서 본래를 바꾼 얼굴도 있다.
얼굴이 세 겹, 네 겹인 인간도 있다고."

마침 초등학교에 다니는 아이의 손목을 잡고 지나던 아버지가
원숭이네를 보고 설명하였다.
"다윈의 진화론에 의하면 저 원숭이가
이렇게 진화되기 전의 우리 옛 모습이란 것이야."

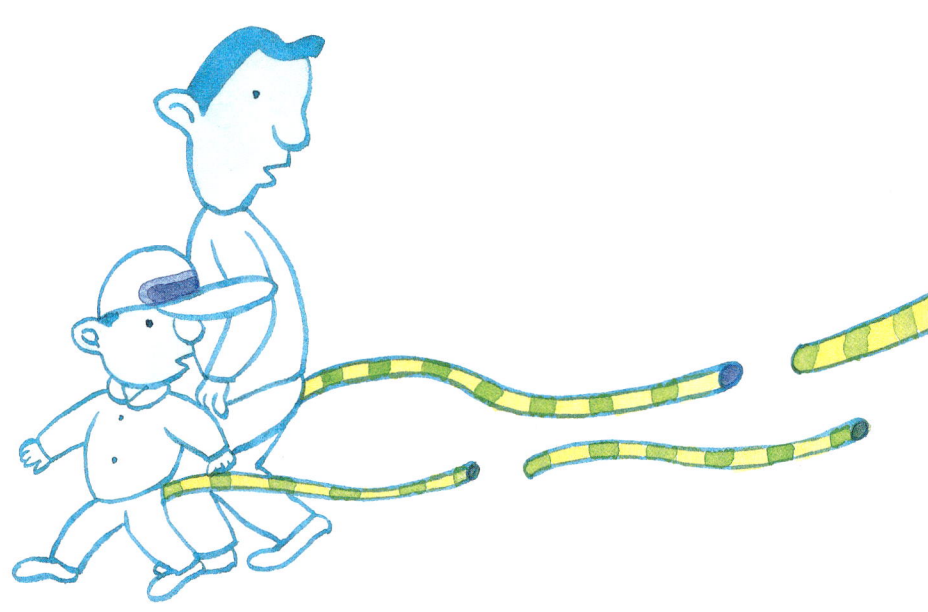

아이가 말하였다.
"우리는 꼬리가 없는데요?"
"그것은 퇴화된 것이지."

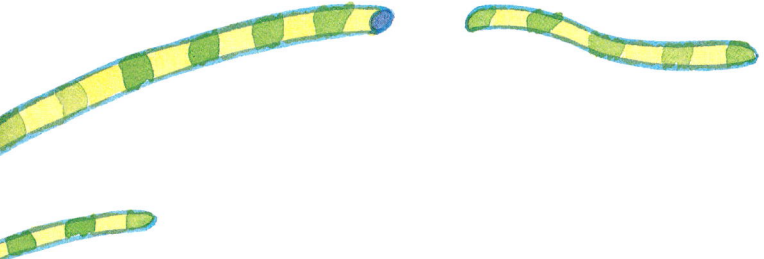

우리 속의 엄마 원숭이 또한 아기 원숭이에게 설명하고 있었다.
"머리는 진화했지만 양심은 오히려 퇴화하고 있는 게 저 인간들이다."
사람의 아이와 아버지가 떠나갔다.
원숭이의 아기와 어머니도 돌아섰다.
진화와 퇴화, 겉 다르고 속 다름을 각각 생각하면서.

멸종기

지금은 지구에서 찾아볼 수 없으나
화석에 남아 있어서 존재 사실을 알 수 있는 시조새가 있다.
이 시조새들 가운데 외눈박이 새 화석이 발견되었다.
이 글은 외눈박이 새의 멸종기이다.

태초에 이 새는 독수리보다도 우월한 새 중의 새로 창조되었다.
그런데 이 새 중의 새는 어찌나 질투가 심한지 자기보다 높이 날고
자기보다 멀리 날거나 자기보다 명성이 있는 새를 인정치 않았다.
새들 세상은 이 새 중의 새 한 마리로 편할 날이 없었다.
분노와 증오와 시기가 전염되어 폭력이 그칠 날이 없었으며……

마침내 하느님이 나설 수밖에 없었다.
하느님이 새 중의 새한테 천사를 보내어 전했다.
"주님께서 그대에게 선물을 내리기로 결심하셨다네."
귀가 솔깃한 새 중의 새가 물었다.
"그 선물이 무엇입니까?"
"굉장한 거야. 이제부터 그대는 무엇을 구하든 얻게 될 것이네.
능력, 먹이, 둥지며 자식도 주님께 부탁만 하면 이루어질 것이네.
단 조건이 하나 있지."
새 중의 새가 대꾸했다.

"조건이 없는 선물은 주님 선물이 아니지요. 그 조건이 무엇입니까?"
"그대가 무엇을 원하든 그대의 경쟁 상대는 두 배를 얻는다는 것이네. 능력, 먹이, 둥지, 자식……."

천사는 말을 이었다.
"그리고 그대가 유명해지면 그 유명도도 두 배.
주님께서는 아마도 이렇게 하여
그대의 질투심을 누그러뜨리려 하시지 않나 생각하네."
한참을 생각하고 있던 새 중의 새가 대답했다.
"주님께 나의 한쪽 눈을 없애 줄 것을 청합니다."
이렇게 하여 새 중의 새는 외눈박이가 되었다.
그리고 한 눈만으로 살다가 참새한테까지도
뒤떨어져 영원히 지구상에서 멸종하게 되었다.

보석의 길

그 다이아몬드는 땅속 깊이, 그리고 땅속에서도 돌 속 깊이 숨어 있었다.
그런데 어느 해 여름에 장마에 의한 산사태가 일어났다.
이 산사태로 다이아몬드가 숨어 있는 돌이 땅 위로 나서게 되었다.
어느 날 우연히 지나가던 수도자가 이 바위 위에 걸터앉아서 쉬다가
다이아몬드를 알아보았다.
"자네 웬일이야?
신이 땅속 깊이 숨어 있으라고 한 이유가 있을 텐데
왜 나왔지?"

다이아몬드가 대꾸했다.
"나오고 싶어 나온 게 아니어요. 산사태가 일어나서 저절로 드러난 것이지
사람들을 시험하러 내가 일부러 나온 게 아니라고요."
수도자는 고개를 설레설레 저었다.
"자네는 지나치게 아름다워. 아름다움도 여러 가지가 있는데
자네는 인간의 욕망에 불을 당기는 화약 기운을 지니고 있어. 조심해야겠어."
수도자는 그를 버려 둔 채로 유유히 떠나갔다.
다이아몬드는 사람들의 눈에 띄지 않기 위해
이끼를 뒤집어쓰고 조용히 숨어 있었다.

그런데 어느 해 봄날이었다.
광물 채집가인 두 사람한테 이 다이아몬드는 들키고 말았다.
다이아몬드는 당황하여 말했다.
"저를 못 본 척해 두세요. 저는 액厄을 지니고 있다 했어요.
당신들 수명대로 살고 싶으시거든 제발 그냥 지나가세요."
그러나 다이아몬드의 말을 알아듣지 못한 두 사람은
환호하며 다이아몬드를 캐어 갔다.
바로 그날 밤에 살인 사건이 일어났다.
두 사람 중 한 사람이 다이아몬드를 독차지하기 위해 친구를 죽인 것이었다.
얼마 가지 않아서 그 사람 또한 강도의 칼에 죽었다.
강도는 또 감옥으로 들어갔다.
혹 이 다이아몬드가 당신한테 오거든 말을 한번 시켜 보기 바란다.
당신이 어떻게 해야 액에서 벗어날 수 있는지를.

내 그림자는 어디로 가나

파란만장한 삶을 살아온 그가 숨을 거두려 하고 있었다.
그가 안간힘을 다해 눈을 가늘게 떠서 벽에 붙어 있는 그의 그림자를 찾았다.
그는 그의 그림자에게 눈으로 말하고 있었다.
"내가 늘 가서 살려고 했으면서도 가지 못했던 곳을 너는 알고 있지?
너만이라도 가다오."

그는 이내 숨을 멈췄다.
유족들의 울음이 쏟아지는 병실에서 그의 그림자는 살며시 나왔다.
'그래 나만이라도 거기에 가자.'

그림자는 어두운 밤길을 훌훌 날았다.
혼자 가니 샛길로 들 염려도 없었다.
쉬지도 않았다.
마침내 반달이 서산마루로 질 무렵에 그림자는 그곳에 당도했다.
푸른 솔밭 사이로 졸졸 흐르는 실개천, 파도 결처럼 구비진 산자락에
없는 듯이 서 있는 정자, 그 주변에서 향기를 날리며 피어 있는 들꽃들.

그림자는 혼자 중얼거렸다.
'우리 주인은 왜 그토록 바빴는가. 무엇 하나 가지고 갈 수도 없었으면서……
왜 그토록 오고 싶어 하던 이곳에 오지 못하였는가…….'

그림자는 먼동이 터오면서 점점 바래어졌다.
해가 산마루에 얼굴을 내밀었다.

그림자는 조용히 낙화처럼 소리 없이 무너져서 섞여 버렸다.
솔 그림자 속으로, 정자 그림자 속으로, 들꽃 그림자 속으로.

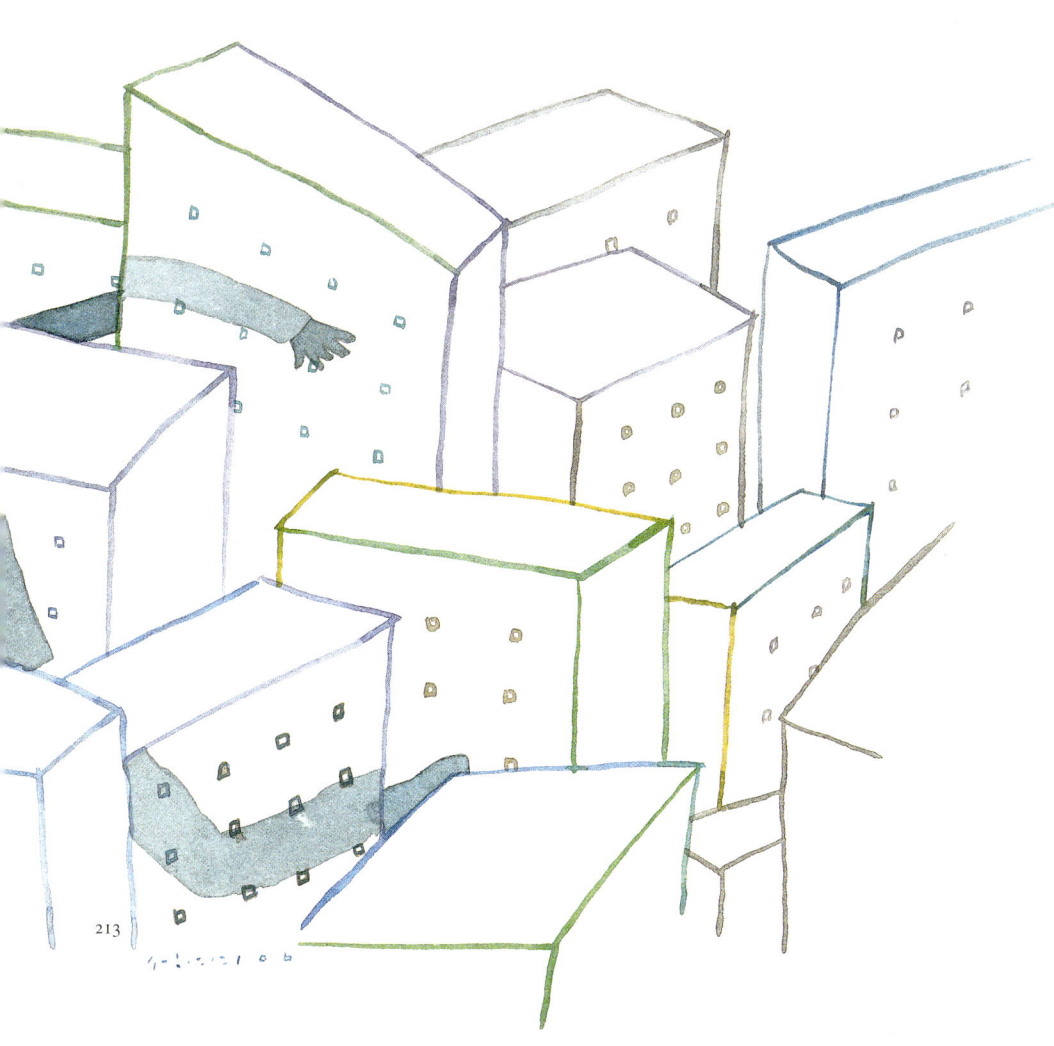

지 구 황 제

— 방경복 그림을 보고

언덕 위에 궁전이 있었다.
이 궁전에서는 며칠 전부터 지구 황제 등극 행사를 한다고 분주하였다.
세계 여러 나라로부터 영향력 있다는 사람들이 속속 도착하였다.
성 위에는 애드벌룬이 두둥실 떴고 조율하는 나팔 소리도 북소리도 났다.

성 밖에서는 어른 아이 할 것 없이 모두들 지구 황제를 보고자
목을 빼고서 기다리고 있었다.
드디어 언덕 위의 궁전 문이 활짝 열렸다. 쿵쿵쿵 예포가 쏘아졌고
군악대가 행진곡을 연주하면서 나타났다.
또한 바다 그룹, 육지 그룹, 산림 그룹 등 유수한 재벌 기수들이
색색의 기를 들고 나타났다.

드디어 황금빛 번쩍이는 옥좌가 보이기 시작하였다.
그 옥좌를 세계 여러 나라 지도자들이 빙 둘러서 메고 있었다.
구경 나온 어른들이 서로들 귓속말을 나누었다.
"맞아. 우리들의 황제님이 틀림없어."
"저 황제만 있으면 세상에 안 되는 게 없지."

그러나 아이들은 어른들이 앞을 가리고 있기 때문에 지구 황제 얼굴을
볼 수가 없었다. 다만 옥좌의 뒤를 따르는 이상한 행렬만이 보였다.
손을 묶이고 발에 족쇄를 찼으면서도 배를 내밀고 으스대며 가는 포로들.
그 가운데는 학자도, 기자도, 종교인도 섞여 있었다.
행렬이 저만큼 언덕 아래로 내려가자 그제야 아이들은 옥좌 위에 앉아 있는
지구 황제를 볼 수가 있었다.
"저건 돈이라는 종이 아니야?"
아이들은 킬킬킬 웃으며 말했다.
"저런 종이가 어찌 지구 황제가 되지?"
"글쎄 말이야, 웃기는 어른들이야."

코뚜레가 일을 한다

어미 소가 두 마리의 송아지를 낳았다.
송아지가 자라 코뚜레를 할 때가 되자
맏이 송아지가 농부한테 사정하였다.
"저한테는 코뚜레를 하지 말아 주십시오."
농부가 말하였다.
"코뚜레를 하지 않으면 망아지가 되고 말텐데."

맏이 송아지가 대답하였습니다.
"아닙니다. 주인님. 코뚜레를 하여야만
일을 시킬 수 있다는 것은 옛날 생각입니다.
두고 보십시오.
코뚜레를 하지 않으니
일을 곱절로 잘한다는 말을
제가 듣고 말 테니까요."

농부는 맏이 송아지의 말을 들어
아래 송아지한테만 코뚜레를 하였다.
맏이 송아지는 코뚜레 없이도
스스로 멍에를 지고 쟁기를 끌었다.
코뚜레를 한 아래 송아지가 지쳐 쉴 때는
더욱 힘을 내어 달구지를 끌기도 하였다.
송아지도 어느덧 소가 되었다.

코뚜레를 하지 않은 맏이한테 차츰 꾀가 늘었다.
일을 피해 달아나기도 했으며,
잡으러 오는 농부를 뒷발로 차주기도 했다.
코뚜레를 한 아래 소가 어느 날
들에서 돌아와 보니 맏이가 없었다.
어디 갔느냐고 묻자 주인이 말했다.
"도살장으로 보냈지."

마음을 찍는 사진기

엑스레이 사진기로 가슴을 찍으면 심장이 드러나듯
마음을 찍어 보여 주는 사진기가 있다.
대개의 사람들이 찍어 본 바로는 참으로 한심한 지경이라고 한다.
감투가 찍혀 나오거나,
돈다발이 찍혀 나오거나.

남자인 경우에는 여자가,
여자인 경우에는 남자가 찍혀 나오지를 않나.
또 평수가 넓은 집이 찍혀 나오는 사람도 있다.
박사 학위증이 찍혀 나오는 사람,
자가용이 찍혀 나오는 사람도 있고.
때로 웃게 하는 경우도 있는데
그것은 어린이들을 찍었을 때의 일이다.
인형이나 꽃, 아니면 로봇이나 아이스크림이
아주 선명히 찍혀 나오니까.

그런데 얼굴이 온화하고 언행이 당당한
노동자 한 사람의 경우에만 희귀한 사진이 나왔다.
바다를 내다보는 작은 창문이 찍혀 나온 것이다.
사진 기사가 말을 걸었다.
"세상에, 당신의 소원이란 이 창문 하나란 말입니까?"
노동자가 대답했다.
"그렇습니다. 내 고향은 바닷가 마을이지요. 그 마을의 언덕 위에
우리 집이 있었는데 우리 집의 창문에서 소년 시절처럼
바다를 내려다보며 사는 것이 나의 소원이지요.
그 창을 소유하고 죽는 것이 나의 꿈입니다."

어 른 모 시 기

개미네가 묵은 집에 살 때에는 아버지의 서가書架가 유일한 자랑거리였다.
그래서 나중에는 서가를 아예 거실로 옮겨 놓고
아버지가 흔들의자에 앉아서 독서를 하곤 했다.
개미네 아들은 독서하는 아버지를 조심하여 발부리 걸음으로 지나다녔다.
그리고 친구들이 오기라도 하면
'우리 아버지 책 보신다' 며 아버지가 독서하고 있는 모습을 가리키며
은근히 뽐내기도 하였다.

그런데 개미네도 허리를 졸라매고 열심히 일한 보람이 있어서
평수가 넓은 아파트로 이사를 할 수 있게 되었다.
그러나 이사를 가서 보니 이제는 서가가 자랑거리가 아니었다.
남의 집처럼 소파와 오디오와 큰 가족사진 등의 액자가 거실에 배치되어야 했다.
개미네 아버지의 서가는 방 배정에 있어서도 자식네 차지에 밀려서
가장 작고 어두운 골방 신세가 되고 말았다.
책을 읽는 아버지 역시도 골방으로 들어가 박혔다.

다음에는 어머니도 쫓겨 들어왔다.
'노인이 주책 부린다'는 며느리의 성화에 못 이겨서였다.
얼마가 지나자 이번에는 아들과 며느리가 골방 속으로 들어왔다.
개미 노인 내외는 눈이 휘둥그레졌다.
"너희들은 아직 늙지도 않았는데 웬일이니?"
그러자 아들이 대답했다.
"아이들의 친구가 놀러온다고 해서 저희가 일부러 비켜 준 것입니다."

지은이 정채봉

1946년 전라도 순천의 작은 바닷가에서 태어났다. 흰 구름, 솔바람, 수평선 위를 나는 새, 학교, 나무, 꽃 등 작품에 자주 등장하는 배경이 바로 그의 고향이다. 동국대학교 국어국문학과를 졸업했으며 1973년 동아일보 신춘문예 동화 부문에 〈꽃다발〉로 당선해 등단했다. 간결함 속에 깊은 울림과 여운을 주는 문체로 '성인동화'라는 새로운 문학 용어를 만들어 냈으며, 한국 동화 작가로는 처음으로 동화집 《물에서 나온 새》가 독일에서, 《오세암》이 프랑스에서 번역 출간되었다. 대한민국문학상(1983), 새싹문화상(1986), 한국 불교 아동문학상(1989), 동국문학상(1991), 세종아동문학상(1992), 소천아동문학상(2000)을 수상했으며 마해송, 이원수로 이어지는 한국 아동 문학의 전통을 잇는 인물로 평가받고 있다. 또한 그는 모교인 동국대, 문학아카데미, 신춘문예 심사 등을 통해 수많은 후학을 길러 낸 교육자이기도 했다. 동화 작가, 방송인, 동국대 국어국문학과 겸임 교수로 열정적인 활동을 하던 그에게 1998년 말 간암이 발병했다. 죽음의 길에 섰던 그는 투병 중에도 펜을 잡고 삶의 고통과 새 의지, 자기 성찰을 담은 에세이집 《눈을 감고 보는 길》을 펴냈고, 첫 시집 《너를 생각하는 것이 나의 일생이었지》를 통해 마지막 문학 혼을 불살랐다. 평생 섬 마을 소년의 마음을 잃지 않고 살았던 정채봉은, 사람과 사물을 응시하는 따뜻한 시선과 생명을 대하는 겸손함을 우리에게 선물하고 2001년 1월 하얀 눈이 내리는 날, 동화처럼 짧은 생을 마감했다.

그린이 이성표

홍익대학교 시각디자인과와 대학원을 졸업했다. 일러스트레이션이 인간의 내면을 비추는 그림이 되길 소망하는 그는 1981년 데뷔 이후 25년 동안 신문, 잡지, 단행본, 그림 동화책 등에 다양한 작품을 발표해 왔다. 시적 비유를 즐기는 일러스트레이터로 간결하고 부드러운 어휘를 사용하면서도 텍스트의 핵심을 정확히 드러낸다는 평을 받고 있다.

http://leesungpyo.com

생각하는 동화 3 참 맑고 좋은 생각

1판 1쇄 발행 1994년 6월 5일
2판 1쇄 발행 2007년 7월 10일
2판 2쇄 발행 2012년 2월 10일

지은이 정채봉
그린이 이성표
펴낸이 김성구

편　집 박유진 권은정 김동규
디자인 여종욱 조은희
제　작 신태섭
마케팅 최윤호
관　리 김현영

펴낸곳 (주)샘터사
등　록 2001년 10월 15일 제1-2923호
주　소 서울시 종로구 동숭동 1-115 (110-809)
전　화 02-763-8965(단행본팀)　02-763-8966(영업마케팅부)
팩　스 02-3672-1873　**이메일** book@isamtoh.com　**홈페이지** www.isamtoh.com

ⓒ 김순희, 이성표, 2007, Printed in Korea.

이 책은 저작권법에 따라 보호를 받는 저작물이므로 무단 전재와 무단 복제를 금지하며,
이 책의 내용의 전부 또는 일부를 이용하려면 반드시 저작권자와 (주)샘터사의 서면 동의를 받아야 합니다.

ISBN 978-89-464-1561-4 04810
ISBN 978-89-464-1558-4 (세트)

이 도서의 국립중앙도서관 출판시도서목록(CIP)은 e-CIP 홈페이지(http://www.nl.go.kr/cip.php)에서
이용하실 수 있습니다.(CIP제어번호: CIP2007001757)

값은 뒤표지에 있습니다.
잘못 만들어진 책은 구입처에서 교환해 드립니다.